城市轨道交通建设工程质量验收手册

主　编　韩佳彤
副主编　张丽霞　何　存　徐成华

北京理工大学出版社
BEIJING INSTITUTE OF TECHNOLOGY PRESS

内容提要

本书共分为6章，主要内容包括总则、工程质量验收的划分、工程质量验收的条件、工程质量验收的程序及组织、工程项目交接、附则等。此外，本书附有相关参考文件，可供读者参考和学习使用。

本书可作为城市轨道交通建设行业相关管理人员及从业人员的指导性书籍，也可供相关企业及培训机构进行业务培训时参考使用。

版权专有　侵权必究

图书在版编目（CIP）数据

城市轨道交通建设工程质量验收手册／韩佳彤主编．—北京：北京理工大学出版社，2020.6

ISBN 978-7-5682-8543-8

Ⅰ.①城⋯　Ⅱ.①韩⋯　Ⅲ.①城市铁路—铁路工程—工程质量—工程验收—手册　Ⅳ.①U239.5-62

中国版本图书馆 CIP 数据核字（2020）第 096594 号

出版发行 ／ 北京理工大学出版社有限责任公司
社　　址 ／ 北京市海淀区中关村南大街 5 号
邮　　编 ／ 100081
电　　话 ／ （010）68914775（总编室）
　　　　　　（010）82562903（教材售后服务热线）
　　　　　　（010）68948351（其他图书服务热线）
网　　址 ／ http://www.bitpress.com.cn
经　　销 ／ 全国各地新华书店
印　　刷 ／ 天津久佳雅创印刷有限公司
开　　本 ／ 710 毫米 ×1000 毫米　1/16
印　　张 ／ 13　　　　　　　　　　　　　　责任编辑 ／ 孟祥雪
字　　数 ／ 254 千字　　　　　　　　　　　　文案编辑 ／ 孟祥雪
版　　次 ／ 2020 年 6 月第 1 版　2020 年 6 月第 1 次印刷　责任校对 ／ 周瑞红
定　　价 ／ 65.00 元　　　　　　　　　　　　责任印制 ／ 边心超

图书出现印装质量问题，请拨打售后服务热线，本社负责调换

主编简介

韩佳彤,男,1970年3月生,蒙古族,教授、工学博士,正高级工程师、专业技术二级,知名交通与市政工程专家、桥梁设计大师。现任呼和浩特市市政工程技术服务中心党总支书记、主任兼市住建局科技委主任,同心德市政工程设计公司总工程师兼地铁项目总设计师,二环快速路智能交通与监控集成系统总设计师。兼任内蒙古工业大学土木工程学院兼职教授,内蒙古建筑职业技术学院交通与市政工程学院特聘教授。教育部市政工程技术专业教育教学指导委员会委员,内蒙古自治区建筑工程系列高级专业技术资格评审委员会主任委员,呼和浩特市专业技术资格评审委员会主任委员。系呼市住建系统唯一享受国务院特殊津贴的首席专家,入选"新世纪百千万人才工程"国家级人选、"内蒙古少数民族专业技术人才特殊培养对象"和"内蒙古高层次人才培养对象"。2017年,当选党的十九大代表,作为自治区科技界唯一代表出席大会。

长期致力于城市智能交通监测、工程安全风险管理体系建设与信息系统设计与研究工作,主持工程设计施工230余项,主编自治区级工程建设规范标准10余项,取得自治区级科学技术成果10余项,获得国家发明专利50余项、软件著作权10余项,在国内外核心期刊发表论文10余篇。由自治区总工会授予的"韩佳彤劳模创新工作室"已为国家培养专业技术人员300多人、农牧民工1 000多人。曾获"内蒙古五一劳动奖章""内蒙古突出贡献专家""内蒙古杰出人才奖""北疆工匠""草原英才""北疆楷模""内蒙古最有成就的优秀科技工作者""内蒙古最美科技工作者""第七届感动内蒙古人物""全国民族团结进步模范个人""国家有突出贡献的中青年专家""全国住建系统先进工作者"等荣誉称号。

编审委员会主任简介

石东升,男,1971年12月生,工学博士,内蒙古工业大学教授,国家一级注册结构工程师,2015年入选内蒙古自治区"草原英才"。主要研究领域:工程结构安全监测与评估,新型混凝土结构及预应力结构,低环境负荷建筑材料。主持包括国家自然科学基金在内的多项科研项目,在国内外重要期刊发表文章60多篇,出版专著2部,参编国家标准1部,主编地方标准1部,获得专利及软件著作权12项。

系列丛书编审委员会

编 审 主 任： 石东升

编审副主任： 施烨辉　张　坤　王文琪

编 审 委 员： 朱恒媛　程荷兰　刘艺芳　宋红艳　常　锐
　　　　　　　马　政　纪　星　李小雨　李俊清　曹　聪

主 编 单 位： 呼和浩特市市政工程技术服务中心
　　　　　　　呼和浩特市城市轨道交通建设管理有限公司
　　　　　　　内蒙古青城城乡建设研究院

参 编 单 位： 北京交通大学
　　　　　　　南京坤拓土木工程科技有限公司
　　　　　　　内蒙古大学交通学院
　　　　　　　内蒙古工业大学土木工程学院
　　　　　　　内蒙古工业大学数据科学与应用学院
　　　　　　　内蒙古建筑职业技术学院
　　　　　　　内蒙古青山智能工程研究中心
　　　　　　　中铁第一勘察设计院集团有限公司
　　　　　　　中国铁路设计集团有限公司
　　　　　　　呼和浩特市公安局交通管理支队
　　　　　　　呼和浩特市城市管理行政执法监察二支队
　　　　　　　呼和浩特市市政工程管理局
　　　　　　　呼和浩特市建设工程质量监督站
　　　　　　　呼和浩特市建筑工程安全管理行政执法大队
　　　　　　　呼和浩特市同心德市政工程设计研究有限公司

序 PREFACE

随着国家西部大开发和东北振兴战略持续推进，新型城镇化和区域协调发展不断加快，区域经济一体化、城乡一体化进程对城市发展提出了更高要求。市政基础设施建设是城市可持续发展的基础，而城市轨道交通作为一种城市绿色出行的基础设施，是拓展城市发展空间和新型生态城市建设的重要组成部分。

内蒙古自治区地处祖国北部边疆，与西部、东北省份相邻，与京、津、冀经济圈相接，发展动能大。为了解决内蒙古自治区城市轨道交通建设工程领域技术不足、人才短缺等实际问题，呼和浩特市市政工程技术服务中心在自治区、住建厅、交通厅、呼和浩特市市政府、呼和浩特市住建局、呼和浩特市交通局等相关部门关心、指导和支持下，联合内蒙古工业大学、呼和浩特市城市轨道交通建设管理有限责任公司等单位一起编制了本套丛书，作为该领域人才培养、工程技术人员学习提升的参考资料，也可作为大专院校相关专业学生课外辅助用书。

城市轨道交通建设工程技术涵盖面广，涵盖工程勘察、设计、施工、验收全过程，本次编写的系列丛书主要包括"工程勘察""设计技术要求与编制管理""盾构法施工技术""明挖法施工技术""矿山法施工技术""盖挖法关键技术及工程应用""环境风险管理""质量验收"8个方面内容。

"工程勘察"主要包含轨道交通工程勘察基本规定，岩土分类、描述与围岩分级，规划勘察与可行性研究勘察，初步勘察，详细勘察，施工勘察，专项勘察与周边环境专项调查，不良地质作用与地质灾害，地下水，勘探取样与原位测试，岩土工程分析评价与勘察报告，勘察风险控制，勘察安全基本规定，特殊作业条件勘察安全等内容。

"设计技术要求与编制管理"主要包含设计技术要求、初步设计文件编制、施工图设计文件编制等内容。

"盾构法施工技术"主要包含盾构法施工准备、盾构施工测量、盾构选型的原则、盾构隧道竖井施工、盾构掘进施工、管片拼装、壁后注浆、隧道防水、施工安全与环境保护、施工资料整理和验收等内容。

"明挖法施工技术"主要包含明挖法施工准备、支护结构施工、土方开挖及支撑体系施工、结构防水施工、主体结构施工、监控量测、质量保证措施、安全管理及保证措施、文明施工措施、环境保护措施、雨期施工措施、突发事件处理及应急预案等内容。

"矿山法施工技术"主要包含矿山法施工准备，施工方法，辅助施工措施，隧道开挖，初期支护，二次衬砌，结构防水，施工竖井及横通道，特殊岩土和不良地质地段隧道施工，监控量测，施工机械与设备，通风防尘、风水电供应与通信系统，施工安全、文明施工与环境保护，建筑物保护等内容。

"盖挖法关键技术及工程应用"主要包含盖挖法支护体系，盖板体系，地上地下结构同步施工，土石方开挖与运输，基坑降水，结构施工，基坑开挖，防水施工，隧道注浆，施工监测，施工测量控制与质量要求，监控量测，防尘、通风、水电供应与通信系统等内容。

"环境风险管理"主要包含环境风险管理组织机构及各方职责、工程环境调查的安全风险技术管理、方案设计阶段的环境风险管理、初步设计阶段的环境风险管理、施工图设计阶段的环境风险管理、施工阶段的环境风险管理、工后阶段的环境风险管理等内容。

"质量验收"主要包含工程质量验收的划分、工程质量验收的条件、工程质量验收的程序及组织、工程项目交接及附则等内容。

本套丛书编写组人员都在城市轨道交通建设工程一线从事相关专业技术和管理工作。本套丛书在国家相关法律法规和技术规范框架下，在总结相关技术和实践经验的基础上，充分考虑到内蒙古地区现有的施工技术水平和今后的发展方向，并经过广泛调研和研究，吸取和借鉴了部分国内外标准，部分内容引入了一些现场照片和实际工程图表示例，力求能把技术问题讲清楚，也期待广大技术人员能对丛书内容进一步完善并提供相关素材。

本套丛书编写过程中得到了业务主管部门、行业协会、大专院校、相关企事业单位和相关领域专家学者的大力支持，在此表示衷心的感谢。由于时间紧迫，加之水平有限，本套丛书中还存在不足之处，恳请广大读者朋友批评指正。

前言

FOREWORD

近年来，我国城市轨道交通取得了长足的发展，截至2017年年末，我国已有34个城市开通轨道交通并投入运营，运营线路达5 033千米。其中，地铁3 884千米，占比77.2%；其他制式城市轨道交通运营线路长度约1 149千米，占比22.8%。随着城市的不断发展和交通流量的不断增加，各种新技术、新材料、新工艺和新设备的广泛应用，以及国家对城市基础设施建设质量的高标准要求，城市轨道交通领域迫切需要编制相关专业质量验收规程、规范，为此，我们组织编写了本手册。

在编写过程中，编写组进行了广泛调研，参照相关部门的有关标准和规范，结合我国城市轨道交通发展的实际情况及近年来在城市轨道交通建设方面取得的成功经验，按照"验评分离，强化验收，完善手段，过程控制"的指导方针进行编制，力求体现手册的科学性、实用性和可操作性，并以多种方式广泛征求有关单位和专家的意见，经反复讨论、修改、审查定稿。本手册可供城市轨道交通工程勘察、设计、建设、施工、监理、建设主管部门、质量监督部门和大专院校等单位相关人员使用和参考。

各单位在使用本手册中，应严格遵守现行国家、行业和有关法律、法规、政策规定及工程建设标准的有关规定。

因编者水平有限，书中的疏漏与不足之处在所难免，敬请广大读者批评指正。部分图片来自网络资源，向原作者一并致谢。

编 者

目录 CONTENTS

1 总则 ·· 1

2 工程质量验收的划分 ·· 3

3 工程质量验收的条件 ·· 5

4 工程质量验收的程序及组织 ·· 7

5 工程项目交接 ·· 15

6 附则 ·· 16

附件 ··· 17

   附件 1   单位（子单位）工程、施工工法或工程类型、分部（子分部）工程、分项工程划分及代码 ·· 17

   附件 2   工程质量验收自评报告编写大纲 ··· 54

   附件 3   内蒙古自治区轨道交通建设工程质量验收工作指引 ························· 60

附表 ··· 68

   附表 1   明挖车站工程检验批质量验收记录表 ··· 68

   附表 2   盖挖车站工程检验批质量验收记录表 ··· 89

   附表 3   暗挖车站工程检验批质量验收记录表 ··· 97

   附表 4   高架及地面车站工程检验批质量验收记录表 ································· 120

附表5	分部（子分部）工程质量验收申请表	136
附表6	分部（子分部）工程质量验收记录	137
附表7	分部（子分部）工程质量验收纪要	138
附表8	工程验收检查记录表	143
附表9	工程质量验收申请表	144
附表10	单位（子单位）工程质量控制资料核查记录	145
附表11	单位（子单位）工程安全和功能检验资料核查及主要功能抽查记录	148
附表12	单位（子单位）工程观感质量核查记录	150
附表13	轨道交通工程勘察文件质量检查报告	152
附表14	轨道交通工程设计文件质量检查报告	155
附表15	轨道交通工程质量评估报告	159
附表16	工程质量验收计划书	166
附表17	工程质量保修书	168
附表18	单位（子单位）工程质量竣工验收记录	170
附表19	轨道交通工程单位（子单位）工程质量验收纪要	171
附表20	建设工程质量验收意见书	177
附表21	轨道交通工程建设工程竣工验收报告	178
附表22	工程实体交付使用接管确认证书	182
附表23	轨道交通工程工程竣工验收备案表	183
附表24	"建设工程竣工验收备案表"附表	186
附表25	单位工程竣工施工安全评价申报表	187
附表26	工程竣工施工安全评价申报资料目录表	190
附表27	专业工程施工安全评价申报资料目录表	192
附表28	竣工验收需提交安全质量监督部及质量监督机构的资料	194
附表29	工程质量验收流程	195

参考文献 198

1 总 则

1.0.1 为规范内蒙古自治区轨道交通工程质量验收工作，明确其操作程序及内容，保证工程质量，根据《建设工程质量管理条例》(2000年国务院令第279号)、《国务院关于修改部分行政法规的决定》(2017年国务院令第687号)、《国务院关于修改部分行政法规的决定》(2019年国务院令第714号)、《房屋建筑和市政基础设施工程竣工验收备案管理暂行办法》(2000年建设部78号令)、《住房和城乡建设部关于修改〈房屋建筑工程和市政基础设施工程竣工验收备案管理暂行办法〉的决定》(2009年住房和城乡建设部令第2号)、《建筑工程施工质量验收统一标准》(GB 50300—2013)、《城市轨道交通建设工程验收管理暂行办法》(建质〔2014〕42号)等国家现行法律法规、规范及内蒙古自治区的有关规定，结合内蒙古地区轨道交通工程建设的实际情况，制定本质量验收手册。

1.0.2 本质量验收手册适用于内蒙古自治区轨道交通土建与建筑设备安装工程、轨道交通系统设备安装工程、轨道工程、声屏障工程的质量验收，并作为内蒙古自治区轨道交通工程质量验收相关检验规定、说明及验收记录的统一准则。

1.0.3 内蒙古自治区轨道交通工程施工质量应按下列要求进行验收：

1．工程施工质量应符合《建筑工程施工质量验收统一标准》(GB 50300—2013)、《地下铁道工程施工质量验收标准》(GB/T 50299—2018)等国家、行业标准和相关专业验收规范的规定。

2．工程施工质量应符合工程勘察、设计文件的要求。

3．参加工程施工、质量验收的各方人员应具备规定的资格。

4．工程质量验收均应在施工单位自检合格的基础上进行。

5．隐蔽工程在隐蔽前应由施工单位通知有关单位进行验收，并应形成验收文件，验收合格后方可继续施工。

6．涉及结构安全的试块、试件以及有关材料，应按规定进行见证取样检测。

7．检验批的质量应按主控项目和一般项目验收。

8．对涉及结构安全和使用功能的重要分部工程应在验收前进行抽样检测。

9．承担见证取样检测及有关结构安全检测的单位应在验收前具有相应资质。

10．工程观感质量应由验收人员采取现场检查的方式进行验收，并应对质量合

格与否达成一致意见。

1.0.4 施工单位作为工程施工质量控制的主体,应对工程质量进行全过程监控。工程质量验收应在施工单位自检合格的基础上,再由参与工程建设活动的有关单位根据相关标准共同对检验批、分项工程、分部(子分部)工程、施工工法或工程类型、单位(子单位)工程以书面形式对其工程质量是否合格做出确认。

1.0.5 监理单位应根据工程的进展情况,督促施工单位制订工程质量验收计划,审核后及时上报轨道公司工程部或机电设备部("工程部""机电设备部"以下简称"工程部")。工程部应根据工期策划,结合监理单位上报的验收计划以及工程实施的实际情况,落实工程项目各分部(子分部)及单位(子单位)工程的验收时间。监理单位需在每次验收前10天将验收计划通知工程部和安全质量监督部门。

2 工程质量验收的划分

2.0.1 内蒙古自治区轨道交通工程质量验收可划分为单位（子单位）工程、施工工法或工程类型、分部（子分部）工程、分项工程和检验批。

1．单位（子单位）工程的划分应按下列原则确定：

（1）具备独立施工条件并能形成独立使用功能的建筑物及构筑物为一个单位工程；

（2）建筑规模较大的单位工程，可将其具有独立施工条件或能形成独立使用功能的部分划分为一个子单位工程。

2．分部（子分部）工程的划分应按下列原则确定：

（1）分部工程的划分应按专业性质、建（构）筑部位确定；

（2）当分部工程较大或较复杂时，可按材料种类、施工特点、施工程序、专业系统及类别等将分部工程划分为若干个子分部工程。

3．分项工程应按主要工种、材料、施工工艺、设备类别等进行划分。

4．检验批可根据施工、质量控制和需要验收的部位、施工段、变形缝等进行划分。

5．有关国家验收的相关规定将另行制定文件予以规范。

2.0.2 内蒙古自治区轨道交通工程单位（子单位）工程的划分，原则上每个承包合同作为一个单位工程，但有以下几种情况需要注意：

1．土建与建筑设备安装工程。

（1）车站工程为一个单位（子单位）工程，包括土建工程和建筑设备安装工程（含下一段区间隧道的机电设备安装工程）。因车站工程施工可能采用多种施工方法，或其不同区段/部位的施工时间不一致时，可将单位（子单位）工程划分为若干个"施工工法或工程类型"。一个"施工工法或工程类型"包括若干个分部工程。

车站工程的施工工法或工程类型、分部（子分部）工程和分项工程的划分应符合本质量验收手册附件1的规定。

（2）地下、地上及高架区间土建工程（包括附属工程）均作为一个单位（子单位）工程。若一个区间被分割成多个合同段，或采用了不同的施工方法，或施工时间不一致，或功能不同，则可划分为若干个"施工工法或工程类型"。

区间工程的施工工法或工程类型、分部（子分部）工程和分项工程的划分应符合本质量验收手册附件1的规定。

（3）车辆段及综合基地为一个单位（子单位）工程。原则上按房屋建筑、路基、道路、桥梁、室外环境和室外安装等划分为若干个"施工工法或工程类型"。

（4）车辆段及综合基地工程的单位（子单位）工程、施工工法或工程类型、分部（子分部）工程和分项工程的划分应符合本质量验收手册附件1的规定。

（5）建筑设备安装工程包括建筑电气、建筑暖卫、建筑通风空调、电梯与自动扶梯、消防系统、人防系统、给排水系统、FAS系统和BAS系统等分部工程，其工程的划分应符合本质量验收手册附件1的规定。

2. 轨道交通系统设备安装工程。

轨道交通系统设备安装工程的单位工程包括通信工程、信号工程、供电工程、屏蔽门/安全门系统、自动售检票工程、乘客信息系统工程等。

轨道交通系统设备安装工程的单位工程、分部（子分部）工程和分项工程的划分应符合本质量验收手册附件1的规定。

3. 轨道工程。

轨道工程划分为正线轨道和车辆段轨道子单位工程，其分部工程、分项工程的划分应符合本质量验收手册附件1的规定。

4. 声屏障工程。

全线声屏障工程划分为一个单位工程，其分部工程、分项工程的划分应符合本质量验收手册附件1的规定。

2.0.3 土建与建筑设备安装工程的单位（子单位）工程、施工工法或工程类型、分部（子分部）工程和分项工程的工程代码详见本质量验收手册附件1。

3 工程质量验收的条件

3.0.1 内蒙古自治区轨道交通工程的主要工序需进行样板（首件）工序验收，验收合格并做出书面总结后方可全面展开。样板质量验收合格应符合下列规定：

1．工程质量应符合设计、施工及验收规范。
2．具有完整的施工质量检查记录和材料抽检记录。

3.0.2 分项工程分成一个或若干个检验批来验收，检验批质量验收合格应符合下列规定：

1．主控项目和一般项目的质量经抽样检验合格。
2．具有完整的施工操作依据和质量检查记录。
3．主控项目必须全部达到要求。对有龄期的检测项目，在其龄期达不到规定要求时，可先行评价其他项目，并根据施工现场的质量保证和控制情况，暂时验收该项目，待检测数据出来后，再填入数据。如果数据达不到规定数值或有疑问，应进行复试、鉴定及实地检验。

一般项目也应达到规定要求。允许有一定偏差的项目，最多不超过 20% 的检查点可以超过允许偏差值，但不能超过允许偏差值的 150%。对不能确定偏差值而又允许出现一定缺陷的项目，则以缺陷的数量来区分。

3.0.3 分项工程质量验收合格应符合下列规定：

1．分项工程所含的检验批均应符合合格质量要求。
2．分项工程所含的检验批的质量验收记录应完整。
3．分项工程的质量验收是在检验批质量验收的基础上进行的，是一个统计过程，在验收分项工程时应核对检验批的部位、区段是否全部覆盖分项工程的范围，只要构成分项工程的各检验批的质量验收资料文件完整，并且均已验收合格，则分项工程验收合格。

3.0.4 分部（子分部）工程质量验收合格应符合下列规定：

1．分部（子分部）工程所含分项工程的质量均应验收合格。
2．质量控制资料应完整。
3．地基与基础、主体结构和设备安装等分部工程有关安全及功能的检验和检测结果应符合有关规定。

4．观感质量验收应符合要求。

5．分部工程的质量验收是在其所含各分项工程质量验收的基础上进行的。对涉及安全和使用功能的地基与基础、主体结构，有关安全及重要使用功能的安装分部工程进行见证取样、送样试验或抽样检测，对观感质量差的检查部位应采取返修处理等补救措施。

3.0.5 单位（子单位）工程质量验收合格应符合下列规定：

1．单位（子单位）工程所含分部（子分部）工程的质量均应验收合格。

2．质量控制资料应完整。

3．单位（子单位）工程所含分部工程有关安全和功能的检测资料应完整。

4．主要功能项目的抽查结果应符合相关专业质量验收规范的规定。

5．观感质量验收应符合要求。

6．设备安装应通过单系统调试、系统联调。

3.0.6 当工程质量不符合要求时，应按下列规定进行处理：

1．经返工重做或更换器具、设备的检验批，应重新进行验收。

2．经有资质的检测单位检测鉴定能够达到设计要求的检验批，应予以验收。

3．经有资质的检测单位检测鉴定达不到设计要求，但经原设计单位核算认可能够满足结构安全和使用功能的检验批，可予以验收。

4．经返修或加固处理的分项、分部工程，外形尺寸虽然改变，但仍能满足安全使用要求，可按技术处理方案和协商文件进行验收。

5．通过返修或加固处理仍不能满足安全使用要求的分部工程、单位（子单位）工程，严禁验收。

6．经处理的工程必须有详尽的记录资料、处理方案等，原始数据应齐全、准确，能确切说明问题的演变过程和结论，相关资料经监理单位的总监理工程师签字确认后，归入竣工档案中。

4 工程质量验收的程序及组织

4.0.1 工程质量验收人员应具备规定的资格，按设计文件、施工质量标准及施工合同要求，全面检查工程质量，给出是否通过验收的意见。

4.0.2 当工程项目有分包单位时，分包单位应对所承担的工程项目质量负责，并应按规定的程序进行自我检查评定，总包单位也需派遣工作人员参加评定。分包工程完成后，应将工程的有关资料移交总包单位。监理、建设单位进行验收时，总包单位、分包单位的有关人员都应参加验收。

4.0.3 样板工程验收的程序与组织。

1. 样板工程的验收由监理单位组织质量监督机构、建设单位相关部门、勘察单位、设计单位及施工单位，在监理单位的主持下进行。

2. 施工单位、监理单位向与会人员介绍工程的概况及质量控制情况，与会人员就工程实体和质量控制资料进行检查并给出验收意见，监理单位负责编写验收会议纪要，将要求整改的问题记录在案，并负责整改问题的跟踪检查。

3. 样板工程经验收合格后，相同工序即由监理单位按样板工程的要求进行检查和验收。

4.0.4 分项工程验收的程序与组织。

1. 分项工程的验收由监理单位组织，在监理工程师的主持下进行。

2. 分项工程质量应在施工单位自检合格的基础上，由施工单位项目技术负责人组织有关人员进行评定，专职质量检查员进行核定。监理单位对施工方核定的分项工程质量等级进行审查认可。

3. 若需要进行中间验收监督管理（政府质量监督机构）的分项工程桩基础分项，则按分部工程验收的工作步骤操作。

4. 分项工程经验收合格后方可移交下一工序施工。

4.0.5 分部工程验收的程序与组织。

1. 准备工作。

（1）分部工程完工后，在计划验收日期30个工作日内，施工单位应按照国家有关验收标准及规范，全面检查工程质量，整理工程技术资料，填写"分部（子分部）工程质量验收申请表"（附表5）一式8份，连同工程技术资料提交监理单位审核。

（2）监理单位在5个工作日内对工程技术资料进行审核，并对工程实体进行检查。审核及检查均合格后，总监理工程师签署意见。向工程部递交"分部（子分部）工程质量验收申请表"（附表5）申请验收。

若属中间验收监督管理的分部工程，施工单位还应将一份"分部（子分部）工程质量验收申请表"（附表5）连同工程技术资料送该工程的质量监督机构（监督员）进行抽查，进行第（3）步骤。

若不属中间验收监督管理的分部工程，则直接进行第（4）步骤。

（3）质量监督机构在5个工作日内对工程技术资料进行抽查，在"分部（子分部）工程质量验收申请表"（附表5）上填写资料抽查意见，并将抽查意见书面通知监理单位。

（4）监理单位通知勘察单位（土建工程中的桩基础分项工程及地基基础分部工程、开挖初支分部工程验收时参加）、设计单位、施工单位、建设单位进行验收，并需提前5天将验收时间、地点以书面形式通知质量监督机构（监督员）到场实施验收监督。

（5）施工单位、监理单位在工程验收前还必须分别准备好《分部工程质量自评报告》和《分部工程质量评估报告》，验收会议时分发给各参加验收的单位。

2. 验收组织。

组织：监理单位。

主持：总监理工程师。

参加单位：质量监督机构，轨道公司总工办、工程部、安全质量监督部、机电设备部（参加主体、机电分部验收）、前期工作部、档案部，监理单位，设计单位（工程项目负责人和相关专业负责人）、勘察单位（参加土建工程验收）、施工单位（项目经理和技术、质量负责人）等。对于地基基础、主体结构分部工程验收，施工单位技术、质量部门负责人也应参加。

3. 验收程序。

（1）施工单位做分部工程质量自评报告，简单介绍工程概况、工程实体及资料整理的完成情况；分部工程及各分项工程的自检、自评情况；目前遗留的工程、问题等。施工单位自评报告的编写要求见本质量验收手册附件2。

（2）监理单位做分部工程质量评估报告，介绍工程监理情况、质量控制及分部工程质量验收核定情况和目前遗留的问题等。

（3）与会人员分组检查（各检查组由主持人指定专人负责）：

①工程实体组：按不同专业分组现场检查，主要对工程实体进行观感质量检查，必要时进行现场实测实量。

②文件资料组（包括科技档案、声像档案等）：由轨道公司档案部组织，对施工单位提交的工程档案进行检查。

4 工程质量验收的程序及组织

（4）设计单位介绍设计和施工配合情况，指出施工单位的施工是否满足设计要求，仍存在的问题，并对该分部工程的质量是否通过验收提出意见。

（5）土建工程的地基与基础分部工程验收时还需要勘察单位介绍工程施工中地质变化情况，阐明实际地质情况与原地质报告的描述是否一致，工程施工对持力层是否满足要求等，并对该分部工程的质量是否通过验收提出意见。

（6）各检查组负责人汇报小组检查情况，指出必须整改的问题，并安排专人做记录，整理后将意见填写在"工程验收检查记录表"（附表8）。

（7）主持人综合各检查组意见，对工程质量和各管理环节等方面做出全面评价。

（8）如能达成统一意见，验收人员共同签署《分部（子分部）工程质量验收记录》（附表6）、《分部（子分部）工程质量验收纪要》（附表7）。附表6和附表7中，建设单位代表由项目负责人签字；施工单位由项目经理签认；有分包单位的，分包项目经理需亲自签认；监理单位由总监理工程师签认；设计、勘察单位由项目负责人签认。验收记录和验收纪要等表格上建设各方所盖印章应为法人单位章。

若参与验收的各方不能形成一致意见，应协商提出解决方法，待意见一致后，重新组织验收。

（9）监理单位负责编写验收会议纪要，将要求整改的问题记录在案，并负责整改问题的跟踪检查。

（10）质量监督机构对工程质量验收的组织形式、验收程序、执行验收标准等情况实施监督。

（11）验收通过后，工程部项目经理、监理工程师应检查督促承包商在20个工作日内，将属中间验收监督管理的分部工程的各方确认盖章的验收纪要和验收记录送至质量监督机构，跟踪并接收质量监督机构出示的"质量验收登记表"，完成对重要分部工程的中间验收登记工作。承包商应将"质量验收登记表"复印一份送至安全质量监督部备案。

4. 分部工程经验收合格后，原则上要待单位（子单位）工程竣工验收合格后，以单位（子单位）工程为整体，办理工程实体移交手续，如单位（子单位）工程未全部竣工验收，而后续工程需要进场施工，验收合格的分部工程可由工程部标段长组织先施工的项目部确认后提前移交给后续工程承包单位，以便后续工程的施工。

4.0.6 单位（子单位）工程初步验收。

单位（子单位）工程初步验收的目的是检查各分部工程的整改完成情况、工程实体的现状质量、资料的整理情况及有关单位所做的准备工作，为工程质量竣工验收做好充分准备。

1. 准备工作。

(1) 单位（子单位）工程完工后，在计划验收日期前 30 个工作日内，施工单位应按照国家有关验收标准及规范全面检查工程质量，整理工程技术资料及施工安全管理资料，向监理单位申请初步验收，填写《单位（子单位）工程质量控制资料核查记录》（附表 10）、《单位（子单位）工程安全和功能检验资料核查及主要功能抽查记录》（附表 11）、《单位（子单位）工程观感质量核查记录》（附表 12）各一式 6 份，连同工程技术资料及安全资料提交监理单位审核。

(2) 监理单位在 5 个工作日内对工程技术资料、安全资料及重要分部（子分部）工程的中间验收登记手续完成情况进行审核，并对工程实体进行检查。检查合格后，总监理工程师签署同意初步验收意见。

2. 初步验收组织。

组织：监理单位。

主持：工程部验收专业工作组的专业负责人。

参加单位：质量监督机构，施工单位（项目负责人、技术负责人），后序施工单位，监理单位（总监理工程师和总监理工程师代表），设计单位，勘察单位（参加土建工程验收），轨道公司总工办、运营部门、工程部、安全质量监督部、档案部、机电设备部、城建档案馆。

3. 初步验收程序。

(1) 施工单位介绍工程概况、单位（子单位）工程实体及资料整理的完成情况、分部工程验收后遗留问题的整改情况、目前遗留的工程问题、竣工资料整理存在的问题等。

(2) 监理单位介绍工程监理情况、工程实体及资料的整改完成情况，重要分部工程中间验收登记完成情况及工程验收执行政府备案制度的准备情况、目前遗留的问题等。

(3) 与会人员分组检查（各检查组由主持人指定专人负责）：

①工程实体组：按不同专业分组现场检查工程实体完成情况、整改情况。

②文件资料组（包括竣工档案、电子档案等）：由档案部组织，请档案局、城建档案馆对工程竣工资料进行检查。对于城建档案馆认可的工程档案，应向建设单位出具认可证明。

各检查组需安排专人记录，将意见整理填写在"工程验收检查记录表"（附表 8）上。

(4) 设计单位应明确指出施工单位的施工是否满足设计要求和仍存在的问题。对设计变更手续是否完善、完成，有无遗留工程等做出说明。勘察单位对实际地质情况与勘察报告的差异等发表意见。

(5) 各检查组负责人汇报小组检查情况，指出该单位（子单位）工程需整改

4 工程质量验收的程序及组织

的问题。

（6）主持人综合检查组的意见，落实竣工验收前的工程实体、资料整改的范围和完成时间，提请各单位按备案制度做好备案前的准备工作，对工程是否可以申报竣工验收提出意见。

（7）监理单位负责编写会议纪要，将检查要求整改的问题记录在案，并负责整改问题的跟踪检查。

4.0.7 单位（子单位）工程质量竣工验收。

1．准备工作。

（1）监理单位应具备完整的监理资料，并对监理的工程质量进行评估，编写《工程质量评估报告》一式 8 份，经总监理工程师和监理单位技术负责人审核签字并加盖公章和注册监理工程师执业印章后提交施工单位汇总。

（2）勘察、设计单位对勘察、设计文件及施工过程中由设计单位签署的设计变更通知单进行检查，编写《轨道交通工程勘察文件质量检查报告》（附表 13）、《轨道交通工程设计文件质量检查报告》（附表 14）。质量检查报告应经该项目勘察、设计单位负责人审核签名并加盖公章后一式 8 份提交施工单位汇总。

（3）施工单位应对工程验收前建设单位及质量安全监督机构所提出的问题整改完毕，并经监理单位检查合格。施工单位将"工程质量验收申请表"（附表 9）一式 8 份，"单位工程竣工施工安全评价申报表"（附表 25）、"工程竣工施工安全评价申报资料目录表"（附表 26）、"专业工程施工安全评价申报资料目录表"（附表 27）各一式 3 份，连同整改完成的技术及安全资料提交监理单位审核。

（4）监理单位在 5 个工作日内对工程技术资料及安全资料的整改完成情况进行审核，并对工程实体进行检查。检查合格后，总监理工程师签署意见，承包商将一份经总监理工程师批准的"工程质量验收申请表"（附表 9）、《单位（子单位）工程质量控制资料核查记录》（附表 10）、《单位（子单位）工程安全和功能检验资料核查及主要功能抽查记录》（附表 11）、《单位（子单位）工程观感质量核查记录》（附表 12）、《轨道交通工程质量评估报告》（附表 15）、《轨道交通工程勘察文件质量检查报告》（附表 13）、《轨道交通工程设计文件质量检查报告》（附表 14）、《施工图设计审查合格书》及一套工程技术资料递送质量监督机构（监督员），供质量监督机构抽查。"单位工程竣工施工安全评价申报表"（附表 25）、"工程竣工施工安全评价申报资料目录表"（附表 26）、"专业工程施工安全评价申报资料目录表"（附表 27）和一套工程安全管理资料递送安全监督机构审查并取得安全评价书。

（5）施工单位收集《轨道交通工程勘察文件质量检查报告》（附表 13）、《轨道交通工程设计文件质量检查报告》（附表 14）、《轨道交通工程质量评估报告》（附表 15）各一式 2 份及安全评价书、《工程质量保修书》（附表 17）各一份，连同"工

程质量验收申请表"（附表9）送监理单位审查同意后，报建设单位组织工程验收。

（6）质量监督机构对工程技术资料进行抽查，结合质量验收前工程现场核查情况，将意见书面通知监理单位和施工单位。对未达到质量验收条件及违反有关强制性标准的工程，质量监督机构将发出质量整改通知书，待整改完毕后，方可进行工程竣工验收。如验收前对资料及工程实体的检查达到可验收的条件，质量监督机构将发出工程验收条件检查情况通知书，批准组织工程竣工验收。

（7）列入城建档案馆（室）档案接收范围的工程，建设单位在组织工程竣工验收前，应提请城建档案管理机构对工程档案进行预验收。建设单位未取得城建档案管理机构出具的认可文件，不得组织竣工验收。

（8）设备安装单位应完成移交工程范围内的设备清点工作，准备好供设备维修用的专用工器具、随箱的备品、备件和移交的房间钥匙等，填写相关移交表格。

（9）施工单位应准备好4套完整的竣工档案供验收时检查（包括电子文件档案），并按验收备案制度准备并填写好有关验收备案表格。

（10）施工单位负责布置会场、书写条幅等会务工作，并在正式验收会议开始前按正常运营状态启动所有设备、系统。

（11）工程部组织进行工程验收前的检查工作。

2．验收组织。

在组织单位（子单位）工程验收之前，应设立验收委员会，负责工程验收及交接工作的执行。

组织：轨道公司安全质量监督部。

主持：工程验收委员会委派的验收专业组组（副组）长。

参加单位：施工单位（项目负责人、技术负责人），监理单位（总监理工程师和总监理工程师代表），设计单位，勘察单位（参加土建工程验收），质量监督机构，轨道公司工程部、安全质量监督部、总工办、机电设备部、财务部、合同预算部、档案部，城建档案馆，档案局，运营部门等。

3．验收程序。

安全质量监督部向公司验收委员会及质量监督机构发出验收计划书，组织召开验收会议，验收工作开始。

（1）施工单位做单位（子单位）工程质量自评报告，介绍工程概况、工程验收前检查问题的整改情况、自检自评的质量情况、目前遗留工程情况、本次验收工作要移交的工程实体范围和设备清单、施工合同的履行情况等。

（2）设计单位做设计工作质量报告，明确施工单位的施工是否满足设计要求及存在的问题、设计变更手续是否完善、设计合同的履行情况，对照初步设计的未完工程等。

（3）监理单位做单位（子单位）工程质量评估报告，介绍工程监理情况、整

4 工程质量验收的程序及组织

改问题的复查情况、质量等级的核定情况、目前遗留的问题、监理合同的履行情况等。

（4）土建单位（子单位）工程验收时，勘察单位做勘察工作质量报告，介绍工程施工中地质变化情况，阐明实际地质情况与原地质报告的差异，工程施工对持力层是否满足要求等。

（5）工程部项目工程师做工程合同完成情况报告（附书面报告）。

（6）与会人员分组检查（各检查组由主持人指定专人负责）：

①工程实体组：按土建结构、装修及风、水、电等专业，分组现场检查，主要检查初步验收时提出整改问题的整改完成情况，并对工程实体进行观感质量检查，必要时进行现场实测实量。

②文件资料组：由轨道公司档案部牵头，城建档案馆、档案局、工程部、安全质量监督部、机电设备部、监理单位、施工单位参加，对施工单位提交的竣工资料进行检查验收。

③商务组：由合同预算部牵头，工程部、财务部、机电设备部参加，负责对涉及商务的所有事项进行检查，包括合同的履行情况、设备到货情况、款项的支付情况等。

各检查组须安排专人做记录，签字认可移交清单，并纳入工程管理档案。

（7）各检查组负责人汇报检查情况，指出存在的问题，提出是否具备交接的条件。

（8）对各小组提出的问题逐一讨论，需要进行整改的应确定整改期限，填写"工程验收检查记录表"（附表8）。

与会人员如能达成统一意见，施工单位、监理单位、设计单位、验收委员会代表共同签署《单位（子单位）工程质量竣工验收记录》（附表18）及"轨道交通工程竣工验收备案表"（附表23），各单位的项目负责人须亲自签字，并加盖单位公章。建设单位签字栏由验收委员会代表（工程部项目工程师）签字，加盖建设单位公章。

（9）对工程实体是否按合同最后完工、移交的工程实体范围、使用的起始日期、使用前限期完成的工程实体部分、需要整改的工程实体部分、使用期间需继续完善的工程实体部分及限定日期进行确认后，与会各方在"工程实体交付使用接管确认证书"（附表22）上签字。

（10）有关工程质量监督机构负责对工程质量验收的组织形式、验收程序、执行验收标准等情况进行现场监督。

（11）监理单位负责起草会议纪要，送至工程部审查修改后，报公司验收办公室签发。监理单位负责整改问题的跟踪检查，整改完成后需经工程部签字确认，并提交一份至验收委员会办公室备查。

（12）施工单位的《单位（子单位）工程质量自评报告》、监理单位的《工程质量评估报告》及单位工程原材料、混凝土试块统计报表还应提供电子文件至安全质量监督部。

4.0.8 工程竣工验收及备案。

1. 按《房屋建筑工程和市政基础设施工程竣工验收备案管理暂行办法》(2000年建设部令第78号)和《住房和城乡建设部关于修改〈房屋建筑工程和市政基础设施工程竣工验收备案管理暂行办法〉的决定》(2009年住建部令第2号)的要求，在单位（子单位）工程验收通过后，工程部项目工程师、监理工程师应督促施工单位在20个工作日将各方确认盖章的单位（子单位）工程质量验收纪要和验收记录及质量监督机构要求提供的资料送至质量监督机构和安全质量监督部，做好工程竣工验收备案的准备工作，应提交的资料目录见附表23。施工单位应将质量监督机构出示的质量验收意见书送安全质量监督部备案。

2. 各线项目工程取得工程质量、消防、规划、环保、档案等有关专业管理部门出具的认可文件或准许使用文件后，公司验交委员会组织工程竣工验收（国家验收），验收通过后，安全质量监督部整理相关文件到内蒙古自治区呼和浩特市建设委员会办理备案手续。

3. 国家及政府验收（项目竣工验收）将另行制定文件予以规范。

4.0.9 工程移交。

1. 建筑结构工程的单位（子单位）工程质量验收通过后，工程实体由施工单位向工程部移交，并由工程部组织与下道工序施工单位交接。

2. 设备安装与装修工程、系统安装工程等子单位工程质量验收通过后，工程实体由施工单位向机电设备部移交，验收委员会委托运营部门提前进入管理，机电设备部指导运营部熟悉设备运营环境。

3. 档案资料通过验收后，由施工单位移交3套资料至建设单位档案管理部门，并协助建设单位移交其中1套至城建档案馆。

5 工程项目交接

5.0.1 工程项目的交接由轨道公司验收委员会负责,并由验收委员会领导主持。参加单位及人员包括轨道验收委员会成员、验收委员会办公室及验收工作组成员。

5.0.2 工程部介绍工程建设的情况、工程竣工验收后遗留问题的整改情况,阐明目前遗留的问题及其对行车安全的影响等。

5.0.3 机电设备部介绍试运行期间存在的问题。

5.0.4 与会人员充分发表意见,阐述工程项目是否具备移交托管的条件,如能达成可移交托管的统一意见,公司与各接管单位签署托管协议。

6 附 则

6.0.1 本质量验收手册与内蒙古自治区轨道交通工程施工招标文件、施工合同结合使用，若两者有矛盾，由内蒙古自治区轨道交通有限责任公司工程部和安全质量监督部负责解释。

6.0.2 本质量验收手册若与国家强制性标准、行业标准、地方性法规相矛盾时，则以国家强制性标准、行业标准、地方性法规为准。

6.0.3 本质量验收手册自发布之日起施行。

附 件

附件1 单位（子单位）工程、施工工法或工程类型、分部（子分部）工程、分项工程划分及代码

车站工程施工工法或工程类型、分部（子分部）工程、分项工程划分及代码

类别	单位(子单位)工程	施工工法或工程类型	分部工程	子分部工程	常见分项工程（可增列）
土建与建筑设备安装工程01	车站工程01	地面及高架车站主体工程01	地基与基础01	无支护土方01	降水及排水，土方开挖，施工测量，土方回填
				有支护土方02	排桩，降水，排水，地下连续墙，锚杆（索），土钉墙，水泥土桩，沉井与沉箱，钢及混凝土支撑，网喷混凝土，帽（冠）梁，腰梁，土方开挖，监控量测及信息反馈，土方回填
				地基处理03	灰土地基，砂和砂石地基，碎砖三合土地基，土工合成材料地基，粉煤灰地基，重锤夯实地基，强夯地基，振冲地基，砂桩地基，预压地基，高压喷射注浆地基，土和灰土挤密桩地基，注浆地基，水泥粉煤灰碎石桩地基，夯实水泥土桩地基
				桩基04	锚杆静压桩及静力压桩，预应力离心管桩，钢筋混凝土预制桩，钢桩，混凝土灌注桩（成孔、钢筋笼、清孔、混凝土灌注）
				混凝土基础05	模板，钢筋，混凝土，后浇带混凝土，混凝土结构缝处理
				砌体基础06	砖砌体，混凝土砌块砌体，配筋砌体，石砌体
				劲钢（管）混凝土07	劲钢（管）焊接、劲钢（管）与钢筋的连接，混凝土
			主体结构（含站台和站内用房）02	混凝土结构01	模板，钢筋，混凝土，预应力，现浇结构，装配式结构
				劲钢（管）混凝土结构02	劲钢（管）焊接，螺栓连接，劲钢（管）与钢筋的连接，劲钢（管）制作、安装，混凝土，钢管柱防腐蚀，钢管柱防火
				砌体结构03	砖砌体，混凝土小型空心砌块砌体，石砌体，填充墙砌体，配筋砖砌体

续表

类别	单位(子单位)工程	施工工法或工程类型	分部工程	子分部工程	常见分项工程（可增列）
土建与建筑设备安装工程	车站工程 01	地面及高架车站主体工程 01	主体结构（含站台和站内用房）02	钢结构 04	钢结构焊接，钢结构栓接，钢结构制作，紧固件连接，钢零部件加工，单层钢结构安装，多层及高层钢结构安装，钢结构涂装，钢构件组装，钢构件预拼装，钢网架结构安装，压型金属板
				网架和索膜结构 05	网架制作，网架安装，索膜安装，网架防火，防腐涂料
				木结构 06	方木与原木结构，胶合木结构，轻型木结构，木构件防护
			建筑装饰装修 03	地面 01	整体面层：基层，水泥混凝土面层，水泥砂浆面层，水磨石面层，防油渗面层，水泥钢（铁）屑面层，不发火（防爆）面层，绝缘面层 板块面层：基层，砖面层（陶瓷锦砖、缸砖、陶瓷地砖和水泥花砖面层），大理石面层和花岗岩面层，预制板块面层（预制水泥混凝土、水磨石板块面层），料石面层（条石、块石面层），塑料板面层，活动地板面层，地毯面层 木竹面层：基层，实木地板面层（条材、块材面层），实木复合地板面层（条材、块材面层），中密度（强化）复合地板面层（条材面层），竹地板面层
				抹灰 02	一般抹灰，装饰抹灰，清水砌体勾缝
				门窗 03	木门窗制作与安装，金属门窗安装，塑料门窗安装，特种门安装，门窗玻璃安装
				吊顶 04	暗龙骨吊顶，明龙骨吊顶
				轻质隔墙 05	板材隔墙，骨架隔墙，活动隔墙，玻璃隔墙
				饰面板（砖）06	饰面板安装，饰面板粘贴
				幕墙 07	玻璃幕墙，金属幕墙，石材幕墙
				涂饰 08	水性涂料涂饰，溶剂型涂料涂饰，美术涂饰
				裱糊与软包 09	裱糊，软包
				细部 10	橱柜制作与安装，窗帘盒、窗台板和暖气罩制作与安装，门窗套制作与安装，护栏和扶手制作与安装，花饰制作与安装
				厕、浴间防水 11	找平层，涂膜防水层，卷材防水层，塑料防水层等，防水保护层

续表

类别	单位(子单位)工程	施工工法或工程类型	分部工程	子分部工程	常见分项工程（可增列）
土建与建筑设备安装工程	车站工程01	地面及高架车站主体工程01	建筑屋面04	卷材防水屋面01	保温层，找平层，卷材防水层，细部构造
				涂膜防水屋面02	保温层，找平层，涂膜防水层，细部构造
				刚性防水屋面03	细石混凝土防水层，密封材料嵌缝，细部构造
				瓦屋面04	平瓦屋面，油毡瓦屋面，金属板屋面，细部构造
				隔热屋面05	架空屋面，蓄水屋面，种植屋面
			给排水系统05	给水系统01	支架制作安装，给水管道及配件安装，设备安装，管道防腐及保温，试压冲洗，系统调试
				消防水系统02	支架制作安装，消防水管道及配件安装，水喷淋管道及配件安装，喷洒头安装，消火栓箱及设备安装，管道防腐、保温，管道试压、冲洗，系统调试
				排水系统03	排水管道及配件安装，排水设备安装，管道防腐、保温，通水试验
				卫生器具04	卫生器具安装，卫生器具给水配件安装，卫生器具排水管道安装，管道防腐
				水处理系统05	管道安装，设备安装，系统调试
				附属构筑物06	阀门井、排水井、化粪池、隔油池等附属构筑物
			建筑电气06	电气动力01	成套动力柜安装，动力配电箱安装，动力控制箱安装，照明配电柜安装，照明配电箱安装，桥架、托架安装，电缆敷设，动力配管，电线、电缆穿管，电缆头制作，插座安装，开关安装，电动机检查接线，线路电气试验，动力设备空载试运行
				电气照明安装02	管路敷设，电线、电缆敷设，电缆头制作，灯具安装，开关安装，线路电气试验，通电试运行

续表

类别	单位(子单位)工程	施工工法或工程类型	分部工程	子分部工程	常见分项工程（可增列）
土建与建筑设备安装工程	车站工程01	地面及高架车站主体工程01	通风空调07	送排风系统01	风管制作，支架制作安装，风管及阀部件安装，消声器安装，风管与设备防腐保温，风机及新风机组安装，风口安装，单机及系统调试
				防排烟系统02	风管制作，支架制作安装，风管及阀部件安装，防排烟风口安装，风管与设备防腐，风机安装，单机及系统调试
				空调风系统03	风管制作，支架制作安装，风管及阀部件安装，消声器安装，风管与设备防腐保温，风机及空调机组安装，单机及系统调试
				空调水系统04	冷冻机组安装，冷冻水系统安装，冷却水系统安装，冷凝水系统安装，风机盘管空调器及阀部件安装，冷却塔安装，水泵安装，管道试压、冲洗，管道与设备防腐保温，单机及系统调试
				VRV空调系统安装05	冷媒管清洗安装，室内机安装，室外机安装，冷凝水管安装，系统保温，控制系统安装，气密性试验，系统调试
				采暖系统06	室内管道安装，室外管道安装，锅炉及附属设备安装，管道水压试验及冲洗，管道防腐、保温，系统调试
			电梯08	自动扶梯01	土建交接检验，桁架导轨安装，梯级组装，扶手带安装，电气安装，外装饰安装，调整试验试运行
				自动人行道02	土建交接检验，桁架导轨安装，梯级组装，扶手带安装，电气安装，外装饰安装，调整试验试运行
				无机房电梯03	土建交接检验，支架导轨安装，井道顶部设备安装，轿厢及门系统安装，配重及安全保护装置安装，电气安装，调整试验试运行
				轮椅升降台04	支架导轨安装，轮椅升降台设备安装，电气安装，调整试验试运行

续表

类别	单位(子单位)工程	施工工法或工程类型	分部工程	子分部工程	常见分项工程（可增列）
土建与建筑设备安装工程	车站工程01	地面及高架车站主体工程01	防水工程09		防水混凝土，水泥砂浆防水层，卷材防水层，涂料防水层，金属板防水层，塑料板防水层，膨润土防水毯防水层，其他类型防水层，细部构造，锚喷支护，地下连续墙，复合式衬砌，排水工程，注浆
			火灾报警及消防联动系统（FAS系统）10	火灾报警及消防联动系统01	消防主机安装，模块控制箱安装，线槽敷设，电线、电缆配管，电线、电缆敷设，阀类接线，模块安装，模块配线，探测器安装，报警设备安装，报警系统调试，消防联动调试
				气体灭火系统02	钢瓶设备安装，气体管路及部件安装，管道防腐，试压吹扫，系统调试
				防火封堵03	各系统防火封堵
			建筑设备监控系统（BAS系统）11	环控系统01	环控主机安装，现场环控安装，传感器安装，探测器安装，桥架安装，电缆敷设，电线敷设，控制箱配线，模块箱配线，单机系统调试，联动系统调试
			室外附属建筑12		车棚，围墙，大门，挡土墙，垃圾收集站
			室外环境13		建筑小品，道路，亭台，连廊，花坛，场坪绿化
		明挖车站主体工程02	基坑围护及地基处理01	无支护土方01	降水及排水，土方开挖，土方回填
				有支护土方02	地下连续墙，钻孔灌注桩，人工挖孔桩，旋喷桩，深层搅拌桩，SMW桩，锚杆，土钉墙，桩顶冠梁，桩间网喷混凝土，降水及排水，土方开挖，腰梁，钢管及钢筋混凝土支撑架设，监控量测及信息反馈，土方回填
				地基处理03	灰土地基，砂和砂石地基，碎砖三合土地基，土工合成材料地基，粉煤灰地基，重锤夯实地基，强夯地基，振冲地基，砂桩地基，预压地基，高压喷射注浆地基，土和灰土挤密桩地基，注浆地基，水泥粉煤灰碎石地基，夯实水泥土桩地基

续表

类别	单位(子单位)工程	施工工法或工程类型	分部工程	子分部工程	常见分项工程（可增列）
土建与建筑设备安装工程	车站工程01	明挖车站主体工程02	防水工程02		防水混凝土，水泥砂浆防水层，卷材防水层，涂料防水层，金属板防水层，塑料板防水层，膨润土防水毯防水层，其他类型防水层，细部构造，锚喷支护，地下连续墙，复合式衬砌，排水工程，注浆
			主体结构（含站台及站内用房）03	混凝土结构01	模板及支架，钢筋，混凝土，装配式结构
				劲钢（管）混凝土结构02	劲钢（管）焊接，螺栓连接，劲钢（管）与钢筋的连接，劲钢（管）制作、安装，混凝土，钢管柱防腐蚀，钢管柱防火
				砌体结构03	砖砌体，混凝土小型空心砌块砌体，石砌体，填充墙砌体，配筋砖砌体
		明挖车站附属工程（包括出入口及通道、风井、风道、风亭等）03	分项工程、分部（子分部）工程的划分见相应工法		
			建筑装饰装修04	地面01	整体面层：基层，水泥混凝土面层，水泥砂浆面层，水磨石面层，防油渗面层，水泥钢（铁）屑面层，不发火（防爆）面层，绝缘面层 板块面层：基层，砖面层（陶瓷锦砖、缸砖、陶瓷地砖和水泥花砖面层），大理石面层和花岗岩面层，预制板块面层（预制水泥混凝土、水磨石板块面层），料石面层（条石、块石面层），塑料板面层，活动地板面层，地毯面层 木竹面层：基层，实木地板面层（条材、块材面层），实木复合地板面层（条材、块材面层），中密度（强化）复合地板面层（条材面层），竹地板面层
				抹灰02	一般抹灰，装饰抹灰，清水砌体勾缝
				门窗03	木门窗制作与安装，金属门窗安装，塑料门窗安装，特种门安装，门窗玻璃安装
				吊顶04	暗龙骨吊顶，明龙骨吊顶
				轻质隔墙05	板材隔墙，骨架隔墙，活动隔墙，玻璃隔墙
				饰面板（砖）06	饰面板安装，饰面板粘贴
				幕墙07	玻璃幕墙，金属幕墙，石材幕墙
				涂饰08	水性涂料涂饰，溶剂性涂料涂饰，美术涂饰
				裱糊与软包09	裱糊，软包

附件

续表

类别	单位(子单位)工程	施工工法或工程类型	分部工程	子分部工程	常见分项工程（可增列）
土建与建筑设备安装工程	车站工程01	明挖车站附属工程（包括出入口及通道、风井、风道、风亭等）03	建筑装饰装修04	细部10	橱柜制作与安装，窗帘盒、窗台板和暖气罩制作与安装，门窗套制作与安装，护栏和扶手制作与安装，花饰制作与安装
				厕、浴间防水11	找平层，涂膜防水层、卷材防水层、塑料防水层等，防水保护层
			给排水系统05	给水系统01	支架制作安装，给水管道及配件安装，设备安装，管道防腐及保温，试压冲洗，系统调试
				消防水系统02	支架制作安装，消防水管道及配件安装，水喷淋管道及配件安装，喷洒头安装，消火栓箱及设备安装，管道防腐、保温，管道试压、冲洗，系统调试
				排水系统03	排水管道及配件安装，排水设备安装，管道防腐、保温，通水试验
				卫生器具04	卫生器具安装，卫生器具给水配件安装，卫生器具排水管道安装，管道防腐
				水处理系统05	管道安装，设备安装，系统调试
				附属构筑物06	阀门井、排水井、化粪池、隔油池等附属构筑物
			建筑电气06	电气动力01	成套动力柜安装，动力配电箱安装，动力控制箱安装，照明配电柜安装，照明配电箱安装，桥架、托架安装，电缆敷设，动力配管，电线、电缆穿管，电缆头制作，插座安装，开关安装，电动机检查接线，线路电气试验，动力设备空载试运行
				电气照明安装02	管路敷设，电线、电缆敷设，电缆头制作，灯具安装，开关安装，线路电气试验，通电试运行
			通风空调07	送排风系统01	风管制作，支架制作安装，风管及阀部件安装，消声器安装，风管与设备防腐保温，风机及新风机组安装，风口安装，单机及系统调试
				防排烟系统02	风管制作，支架制作安装，风管及阀部件安装，防排烟风口安装，风管与设备防腐，风机安装，单机及系统调试
				空调风系统03	风管制作，支架制作安装，风管及阀部件安装，消声器安装，风管与设备防腐保温，风机及空调机组安装，单机及系统调试

· 23 ·

续表

类别	单位(子单位)工程	施工工法或工程类型	分部工程	子分部工程	常见分项工程（可增列）
土建与建筑设备安装工程	车站工程01	明挖车站附属工程（包括出入口及通道、风井、风道、风亭等）03	通风空调07	空调水系统04	冷冻机组安装，冷冻水系统安装，冷却水系统安装，冷凝水系统安装，风机盘管空调器及阀部件安装，冷却塔安装，水泵安装，管道试压、冲洗，管道与设备防腐保温，单机及系统调试
				VRV空调系统安装05	冷媒管清洗安装，室内机安装，室外机安装，冷凝水管安装，系统保温，控制系统安装，气密性试验，系统调试
				采暖系统06	室内管道安装，室外管道安装，锅炉及附属设备安装，管道水压试验及冲洗，管道防腐、保温，系统调试
			电梯08	自动扶梯01	土建交接检验，桁架导轨安装，梯级组装，扶手带安装，电气安装，外装饰安装，调整试验试运行
				自动人行道02	土建交接检验，桁架导轨安装，梯级组装，扶手带安装，电气安装，外装饰安装，调整试验试运行
				无机房电梯03	土建交接检验，支架导轨安装，井道顶部设备安装，轿厢及门系统安装，配重及安全保护装置安装，电气安装，调整试验试运行
				轮椅升降台04	支架导轨安装，轮椅升降台设备安装，电气安装，调整试验试运行
			火灾报警及消防联动系统（FAS系统）09	火灾报警及消防联动系统01	消防主机安装，模块控制箱安装，线槽敷设，电线、电缆配管，电线、电缆敷设，阀类接线，模块安装，模块配线，探测器安装，报警设备安装，报警系统调试，消防联动调试
				气体灭火系统02	钢瓶设备安装，气体管路及部件安装，管道防腐、试压吹扫，系统调试
				防火封堵03	各系统防火封堵
			BAS系统10	环控系统01	环控主机安装，现场环控箱安装，传感器安装，探测器安装，桥架安装，电缆敷设，电线敷设，控制配线，模块箱配线，单机系统调试，联动系统调试
			人防系统11	门01	门框安装，门体安装，调试
				集中监视系统02	管路敷设，线缆敷设，主机安装，系统调试
			地面附属建筑12		车棚，围墙，大门，挡土墙，垃圾收集站
			地面环境13		建筑小品，道路，亭台，连廊，花坛，场坪绿化

续表

类别	单位(子单位)工程	施工工法或工程类型	分部工程	子分部工程	常见分项工程（可增列）
土建与建筑设备安装工程	车站工程01	盖挖（铺盖）车站主体工程04	基坑围护及地基处理01	无支护土方01	降水及排水，土方开挖，土方回填
				有支护土方02	地下连续墙，钻孔灌注桩，人工挖孔桩，旋喷桩，深层搅拌桩，SMW桩，锚杆，土钉墙，桩间网喷混凝土，降水及排水，土方开挖，监控量测及信息反馈，腰梁，钢管及钢筋混凝土支撑架设，土方回填
				地基处理03	灰土地基，砂和砂石地基，碎砖三合土地基，土工合成材料地基，粉煤灰地基，重锤夯实地基，强夯地基，振冲地基，砂桩地基，预压地基，高压喷射注浆地基，土和灰土挤密桩地基，注浆地基，水泥粉煤灰碎石桩地基，夯实水泥土桩地基
			防水工程02		防水混凝土，水泥砂浆防水层，卷材防水层，涂料防水层，金属板防水层，塑料板防水层，膨润土防水毯防水层，其他类型防水层，细部构造，锚喷支护，地下连续墙，复合式衬砌，排水工程，注浆
			主体结构（含站台及站内用房）03	中间柱及柱基01	钻孔灌注桩基础，钢管柱加工制作，钢管柱的就位与对中，钢管柱与柱基的连接，梁、板与柱的节点，钢管柱防腐蚀，钢管柱防火
				盖板结构02	盖板加工制作，盖板验收，盖板吊装
				逆作法土模工程03	基面平整、压实，土模制作
				混凝土结构04	模板及支架，钢筋，混凝土
				砌体结构05	砖砌体，混凝土小型空心砌块砌体、石砌体，填充墙砌体，配筋砖砌体
		盖挖（铺盖）车站附属工程（包括出入口及通道、风井、风道、风亭等）05	分项工程、分部（子分部）工程的划分见相应工法		
			建筑装饰装修04	地面01	整体面层：基层，水泥混凝土面层，水泥砂浆面层，水磨石面层，防油渗面层，水泥钢（铁）屑面层，不发火（防爆的）面层，绝缘面层 板块面层：基层，砖面层（陶瓷锦砖、缸砖、陶瓷地砖和水泥花砖面层），大理石面层和花岗岩面层，预制板块面层（预制水泥混凝土、水磨石板块面层），料石面层（条石、块石面层），塑料板面层，活动地板面层，地毯面层 木竹面层：基层，实木地板面层（条材、块材面层），实木复合地板面层（条材、块材面层），中密度（强化）复合地板面层（条材面层），竹地板面层

续表

类别	单位(子单位)工程	施工工法或工程类型	分部工程	子分部工程	常见分项工程（可增列）
土建与建筑设备安装工程	车站工程01	盖挖（铺盖）车站附属工程（包括出入口及通道、风井、风道、风亭等）05	建筑装饰装修04	抹灰02	一般抹灰，装饰抹灰，清水砌体勾缝
				门窗03	木门窗制作与安装，金属门窗安装，塑料门窗安装，特种门安装，门窗玻璃安装
				吊顶04	暗龙骨吊顶，明龙骨吊顶
				轻质隔墙05	板材隔墙，骨架隔墙，活动隔墙，玻璃隔墙
				饰面板（砖）06	饰面板安装，饰面板粘贴
				幕墙07	玻璃幕墙，金属幕墙，石材幕墙
				涂饰08	水性涂料涂饰，溶剂性涂料涂饰，美术涂饰
				裱糊与软包09	裱糊，软包
				细部10	橱柜制作与安装，窗帘盒、窗台板和暖气罩制作与安装，门窗套制作与安装，护栏和扶手制作与安装，花饰制作与安装
				厕、浴间防水11	找平层，涂膜防水层，卷材防水层，塑料防水层等，防水保护层
			给排水系统05	给水系统01	支架制作安装，给水管道及配件安装，设备安装，管道防腐及保温，试压冲洗，系统调试
				消防水系统02	支架制作安装，消防水管道及配件安装，水喷淋管道及配件安装，喷洒头安装，消火栓箱及设备安装，管道防腐、保温，管道试压、冲洗，系统调试
				排水系统03	排水管道及配件安装，排水设备安装，管道防腐、保温，通水试验
				卫生器具04	卫生器具安装，卫生器具给水配件安装，卫生器具排水管道安装，管道防腐

续表

类别	单位(子单位)工程	施工工法或工程类型	分部工程	子分部工程	常见分项工程（可增列）
土建与建筑设备安装工程	车站工程01	盖挖（铺盖）车站附属工程（包括出入口及通道、风井、风道、风亭等）05	给排水系统05	水处理系05	管道安装，设备安装，系统调试
				附属构筑物06	阀门井、排水井、化粪池、隔油池等附属构筑物
			建筑电气06	电气动力01	成套动力柜安装，动力配电箱安装，动力控制箱安装，照明配电柜安装，照明配电箱安装，桥架、托架安装，电缆敷设，动力配管，电线、电缆穿管，电缆头制作，插座安装，开关安装，电动机检查接线，线路电气试验，动力设备空载试运行
				电气照明安装02	管路敷设，电线、电缆敷设，电缆头制作，灯具安装，开关安装，线路电气试验，通电试运行
			通风空调07	送排风系统01	风管制作，支架制作安装，风管及阀部件安装，消声器安装，风管与设备防腐保温，风机及新风机组安装，风口安装，单机及系统调试
				防排烟系统02	风管制作，支架制作安装，风管及阀部件安装，防排烟风口安装，风管与设备防腐，风机安装，单机及系统调试
				空调风系统03	风管制作，支架制作安装，风管及阀部件安装，消声器安装，风管与设备防腐保温，风机及空调机组安装，单机及系统调试
				空调水系统04	冷冻机组安装，冷冻水系统安装，冷却水系统安装，冷凝水系统安装，风机盘管空调器及阀部件安装，冷却塔安装，水泵安装，管道试压、冲洗，管道与设备防腐保温，单机及系统调试
				VRV空调系统安装05	冷媒管清洗安装，室内机安装，室外机安装，冷凝水管安装，系统保温，控制系统安装，气密性试验，系统调试
				采暖系统06	室内管道安装，室外管道安装，锅炉及附属设备安装，管道水压试验及冲洗，管道防腐、保温，系统调试

续表

类别	单位(子单位)工程	施工工法或工程类型	分部工程	子分部工程	常见分项工程（可增列）
土建与建筑设备安装工程	车站工程01	盖挖（铺盖）车站附属工程（包括出入口及通道、风井、风道、风亭等）05	电梯08	自动扶梯01	土建交接检验，桁架导轨安装，梯级组装，扶手带安装，电气安装，外装饰安装，调整试验、试运行
				自动人行道02	土建交接检验，桁架导轨安装，梯级组装，扶手带安装，电气安装，外装饰安装，调整试验、试运行
				无机房电梯03	土建交接检验，支架导轨安装，井道顶部设备安装，轿厢及门系统安装，配重及安全保护装置安装，电气安装，调整试验、试运行
				轮椅升降台04	支架导轨安装，轮椅升降台设备安装，电气安装，调整试验、试运行
			FAS系统09	火灾报警及消防联动系统01	消防主机安装，模块控制箱安装，线槽敷设，电线、电缆配管，电线、电缆敷设，阀类接线，模块安装，模块配线，探测器安装，报警设备安装，报警系统调试，消防联动调试
				气体灭火系统02	钢瓶设备安装，气体管路及部件安装，管道防腐、试压吹扫，系统调试
				防火封堵03	各系统防火封堵
			BAS系统10	环控系统01	环控主机安装，现场环控箱安装，传感器安装，探测器安装，桥架安装，电缆敷设，电线敷设，控制箱配线，模块箱配线，单机系统调试，联动系统调试
			人防系统11	门01	门框安装，门体安装，调试
				集中监视系统02	管路敷设，线缆敷设，主机安装，系统调试
			地面附属建筑12		车棚、围墙、大门，挡土墙，垃圾收集站
			地面环境13		建筑小品，道路，亭台，连廊，花坛，场坪绿化

续表

类别	单位(子单位)工程	施工工法或工程类型	分部工程	子分部工程	常见分项工程（可增列）
土建与建筑设备安装工程	车站工程01	暗挖车站主体工程06	竖井及连通道01	竖井01	基坑围护（地下连续墙、钻孔灌注桩、钢格栅喷射混凝土、钢管/型钢支撑等），锁口圈梁，降水及排水，土方开挖，衬砌（模板及支架、钢筋、混凝土），投点测量，监控量测及信息反馈
				连通道02	降水及排水，超前小导管，地层加固注浆，管棚及注浆，初期支护背后回填注浆，洞身开挖 钢架（格栅钢架、型钢钢架），钢筋网，喷射混凝土，监控量测及信息反馈，钢筋，模板及支架，混凝土，回填注浆
			防水工程02		防水混凝土，水泥砂浆防水层，卷材防水层，涂料防水层，金属板防水层，塑料板防水层，膨润土防水毯防水层，其他类型防水层，细部构造，锚喷支护，地下连续墙，复合式衬砌，排水工程，注浆
			主体结构（含站台及站内用房）03	开挖与支护01	降水及排水 超前小导管，地层加固注浆，管棚及注浆，初期支护背后回填注浆 洞身开挖，监控量测及信息反馈 格栅钢架及型钢钢架，钢筋网，锁脚锚杆，喷射混凝土，背后充填注浆
				钢管柱02	钢管柱加工，钢管柱的就位与对中，钢管混凝土，梁、板与柱的节点，钢管柱防腐蚀，钢管柱防火
				混凝土结构03	模板及支架，钢筋，混凝土，施工缝及变形缝，背后回填注浆
				砌体结构04	砖砌体，混凝土小型空心砌块砌体、石砌体，填充墙砌体，配筋砖砌体
				边拱回填05	混凝土回填
				基坑围护06	钻孔灌注桩，桩顶纵梁（冠梁）
				土方工程07	土方开挖，桩间网喷混凝土，腰梁（围檩），钢管横撑，监控量测及信息反馈
				中板土模工程08	基面平整、压实，土模制作

续表

类别	单位(子单位)工程	施工工法或工程类型	分部工程	子分部工程	常见分项工程（可增列）
土建与建筑设备安装工程 01	车站工程 01	暗挖车站主体工程 06	主体结构（含站台及站内用房）03	地基处理 09	灰土地基，砂和砂石地基，碎砖三合土地基，土工合成材料地基，粉煤灰地基，重锤夯实地基，强夯地基，振冲地基，砂桩地基，预压地基，高压喷射注浆地基，土和灰土挤密桩地基，注浆地基，水泥粉煤灰碎石桩地基，夯实水泥土桩地基
		暗挖车站附属工程（包括出入口及通道、风井、风道、风亭等）07	分项工程、分部（子分部）工程的划分见相应工法		
			建筑装饰装修 04	地面 01	整体面层：基层，水泥混凝土面层，水泥砂浆面层，水磨石面层，防油渗面层，水泥钢（铁）屑面层，不发火（防爆的）面层，绝缘面层 板块面层：基层，砖面层（陶瓷锦砖、缸砖、陶瓷地砖和水泥花砖面层），大理石面层和花岗岩面层，预制板块面层（预制水泥混凝土、水磨石板块面层），料石面层（条石、块石面层），塑料板面层，活动地板面层，地毯面层 木竹面层：基层，实木地板面层（条材、块材面层），实木复合地板面层（条材、块材面层），中密度（强化）复合地板面层（条材面层），竹地板面层
				抹灰 02	一般抹灰，装饰抹灰，清水砌体勾缝
				门窗 03	木门窗制作与安装，金属门窗安装，塑料门窗安装，特种门安装，门窗玻璃安装
				吊顶 04	暗龙骨吊顶，明龙骨吊顶
				轻质隔墙 05	板材隔墙，骨架隔墙，活动隔墙，玻璃隔墙
				饰面板（砖）06	饰面板安装，饰面板粘贴
				幕墙 07	玻璃幕墙，金属幕墙，石材幕墙
				涂饰 08	水性涂料涂饰，溶剂性涂料涂饰，美术涂饰
				裱糊与软包 09	裱糊，软包
				细部 10	橱柜制作与安装，窗帘盒、窗台板和暖气罩制作与安装，门窗套制作与安装，护栏和扶手制作与安装，花饰制作与安装
				厕、浴间防水 11	找平层，涂膜防水层，卷材防水层，塑料防水层等，防水保护层

续表

类别	单位(子单位)工程	施工工法或工程类型	分部工程	子分部工程	常见分项工程（可增列）
土建与建筑设备安装工程01	车站工程01	暗挖车站附属工程（包括出入口及通道、风井、风道、风亭等）07	给排水系统05	给水系统01	支架制作安装，给水管道及配件安装，设备安装，管道防腐及保温，试压冲洗，系统调试
				消防水系统02	支架制作安装，消防水管道及配件安装，水喷淋管道及配件安装，喷洒头安装，消火栓箱及设备安装，管道防腐、保温，管道试压、冲洗，系统调试
				排水系统03	排水管道及配件安装，排水设备安装，管道防腐、保温，通水试验
				卫生器具04	卫生器具安装，卫生器具给水配件安装，卫生器具排水管道安装，管道防腐
				水处理系统05	管道安装，设备安装，系统调试
				附属构筑物06	阀门井、排水井、化粪池、隔油池等附属构筑物
			建筑电气06	电气动力01	成套动力柜安装，动力配电箱安装，动力控制箱安装，照明配电柜安装，照明配电箱安装，桥架、托架安装，电缆敷设，动力配管，电线、电缆穿管，电缆头制作，插座安装，开关安装，电动机检查接线，线路电气试验，动力设备空载试运行
				电气照明安装02	管路敷设，电线、电缆敷设，电缆头制作，灯具安装，开关安装，线路电气试验，通电试运行
			通风空调07	送排风系统01	风管制作，支架制作安装，风管及阀部件安装，消声器安装，风管与设备防腐保温，风机及新风机组安装，风口安装，单机及系统调试
				防排烟系统02	风管制作，支架制作安装，风管及阀部件安装，防排烟风口安装，风管与设备防腐，风机安装，单机及系统调试
				空调风系统03	风管制作，支架制作安装，风管及阀部件安装，消声器安装，风管与设备防腐保温，风机及空调机组安装，单机及系统调试
				空调水系统04	冷冻机组安装，冷冻水系统安装，冷却水系统安装，冷凝水系统安装，风机盘管空调器及阀部件安装，冷却塔安装，水泵安装，管道试压、冲洗，管道与设备防腐保温，单机及系统调试
				VRV空调系统安装05	冷媒管清洗安装，室内机安装，室外机安装，冷凝水管安装，系统保温，控制系统安装，气密性试验，系统调试

续表

类别	单位(子单位)工程	施工工法或工程类型	分部工程	子分部工程	常见分项工程（可增列）
土建与建筑设备安装工程	车站工程01	暗挖车站附属工程（包括出入口及通道、风井、风道、风亭等）07	通风空调07	采暖系统06	室内管道安装，室外管道安装，锅炉及附属设备安装，管道水压试验及冲洗，管道防腐、保温，系统调试
			电梯08	自动扶梯01	土建交接检验，桁架导轨安装，梯级组装，扶手带安装，电气安装，外装饰安装，调整试验、试运行
				自动人行道02	土建交接检验，桁架导轨安装，梯级组装，扶手带安装，电气安装，外装饰安装，调整试验、试运行
				无机房电梯03	土建交接检验，支架导轨安装，井道顶部设备安装，轿厢及门系统安装，配重及安全保护装置安装，电气安装，调整试验、试运行
				轮椅升降台04	支架导轨安装，轮椅升降台设备安装，电气安装，调整试验、试运行
			FAS系统09	火灾报警及消防联动系统01	消防主机安装，模块控制箱安装，线槽敷设，电线、电缆配管，电线、电缆敷设，阀类接线，模块安装，模块配线，探测器安装，报警设备安装，报警系统调试，消防联动调试
				气体灭火系统02	钢瓶设备安装、气体管路及部件安装，管道防腐，试压吹扫，系统调试
				防火封堵03	各系统防火封堵
			BAS系统10	环控系统01	环控主机安装，现场环控箱安装，传感器安装，探测器安装，桥架安装，电缆敷设，电线敷设，控制箱配线，模块箱配线，单机系统调试，联动系统调试
			人防系统11	门01	门框安装，门体安装，调试
				集中监视系统02	管路敷设，线缆敷设，主机安装，系统调试
			地面附属建筑12		车棚，围墙，大门，挡土墙，垃圾收集站
			地面环境13		建筑小品，道路，亭台，连廊，花坛，场坪绿化

区间工程施工工法或工程类型、分部（子分部）工程、分项工程划分及代码

类别	单位(子单位)工程	施工工法或工程类型	分部工程	子分部工程	常见分项工程（可增列）
土建与建筑设备安装工程	区间工程 02	明挖工程 01	基坑围护及地基处理 01	无支护土方 01	降水及排水，土方开挖，土方回填
				有支护土方 02	地下连续墙，钻孔灌注桩，人工挖孔桩，旋喷桩，钢板桩，工字钢桩，SMW桩，锚杆及挂网喷射混凝土，土钉墙，桩间网喷混凝土 降水及排水，土方开挖，冠梁，腰梁，钢管或其他支撑架设，监控量测及信息反馈，土方回填
				地基处理 03	灰土地基，砂和砂石地基，碎砖三合土地基，土工合成材料地基，粉煤灰地基，重锤夯实地基，强夯地基，振冲地基，砂桩地基，预压地基，高压喷射注浆地基，土和灰土挤密桩地基，注浆地基，水泥粉煤灰碎石桩地基，夯实水泥土桩地基
			防水工程 02		防水混凝土，水泥砂浆防水层，卷材防水层，涂料防水层，金属板防水层，塑料板防水层，膨润土防水毯防水层，其他类型防水层，细部构造，锚喷支护，地下连续墙，复合式衬砌，排水工程，注浆
			主体结构 03	混凝土结构 01	模板及支架，钢筋，混凝土
				装配式结构 02	构件制作，构件进场验收，构件装配
				砌体结构 03	砖砌体，混凝土小型空心砌块砌体，石砌体，填充墙砌体，配筋砖砌体
			附属工程 04	联络通道 01	钻孔灌注桩，土钉墙及网喷混凝土等基坑围护，土方开挖，模板及支架，钢筋，混凝土
				泵房 02	钻孔灌注桩，土钉墙及网喷混凝土等基坑围护，土方开挖，模板及支架，钢筋，混凝土
				风井、风道 03	钻孔灌注桩，土钉墙及网喷混凝土等基坑围护，土方开挖，模板及支架，钢筋，混凝土
		暗挖工程 02	竖井及连通道 01	竖井 01	基坑围护（地下连续墙、钻孔灌注桩、钢格栅、喷射混凝土、钢管/型钢支撑等），锁口圈梁，降水及排水，土方开挖，衬砌（模板及支架、钢筋、混凝土），投点测量，监控量测及信息反馈，竖井回填
				连通道 02	降水及排水，超前小导管，地层加固注浆，管棚及注浆，初期支护背后回填注浆，洞身开挖，钢架（格栅钢架、型钢钢架），钢筋网，喷射混凝土，监控量测及信息反馈，连通道回填

续表

类别	单位(子单位)工程	施工工法或工程类型	分部工程	子分部工程	常见分项工程（可增列）
土建与建筑设备安装工程	区间工程 02	暗挖工程 02	防水工程 02		防水混凝土，水泥砂浆防水层，卷材防水层，涂料防水层，金属板防水层，塑料板防水层，膨润土防水毯防水层，其他类型防水层，细部构造，锚喷支护，地下连续墙，复合式衬砌，排水工程，注浆
			主体结构 03	开挖及支护 01	降水及排水
					超前小导管，地层加固注浆，管棚及注浆，初期支护背后回填注浆，洞身开挖，格栅钢架及型钢钢架，钢筋网，锁脚锚杆，喷射混凝土，背后充填注浆
				二次衬砌 02	模板及支架，钢筋，混凝土，施工缝及变形缝，衬砌背后回填注浆
				砌体结构 03	砖砌体，混凝土小型空心砌块砌体，石砌体，填充墙砌体，配筋砖砌体
			附属工程 04	联络通道 01	超前小导管，管棚，地层加固注浆，土方开挖，模板及支架，钢筋，混凝土，施工缝及变形缝，回填注浆
				泵房 02	超前小导管，管棚，地层加固注浆，土方开挖，模板及支架，钢筋，混凝土，施工缝及变形缝，回填注浆
				风井、风道 03	地下连续墙、钻孔灌注桩、钢格栅喷射混凝土等基坑围护，超前小导管，管棚，地层加固注浆，土方开挖，模板及支架，钢筋，混凝土，施工缝及变形缝，回填注浆
		盾构工程 03	始发和接收竖井 01	基坑围护 01	地下连续墙，钻孔灌注桩，旋喷桩，锁口圈梁，钢格栅喷射混凝土
				竖井开挖 02	降水及排水，土方开挖，监控量测及信息反馈，投点测量
				衬砌 03	模板及支架，钢筋，混凝土
				盾构进出洞段地层加固 04	地层注浆加固，旋喷桩加固
			管片制作 02		钢筋，模具，管片预制
			盾构隧道 03		盾构掘进
					管片拼装
					壁后注浆
					成型隧道

续表

类别	单位（子单位）工程	施工工法或工程类型	分部工程	子分部工程	常见分项工程（可增列）
土建与建筑设备安装工程	区间工程 02	盾构工程 03	防水工程 04		管片自防水
					管片接缝防水
					螺栓孔防水
					柔性接头、变形缝等特殊结构处防水
			附属工程 05	联络通道 01	降水及排水，超前小导管，管棚，地层加固注浆，土方开挖，模板及支架，钢筋，混凝土，施工缝及变形缝，回填注浆
					地下连续墙，钻孔灌注桩，降水及排水，钢格栅喷射混凝土，土方开挖，模板及支架，钢筋，混凝土，施工缝及变形缝，土方回填
				泵房 02	降水及排水，超前小导管，管棚，地层加固注浆，土方开挖，模板及支架，钢筋，混凝土，施工缝及变形缝，回填注浆
					地下连续墙，钻孔灌注桩，降水及排水，钢格栅喷射混凝土，土方开挖，模板及支架，钢筋，混凝土，施工缝及变形缝，土方回填
				风井、风道 03	降水及排水，超前小导管，管棚，地层加固注浆，土方开挖，模板及支架，钢筋，混凝土，施工缝及变形缝，回填注浆
					地下连续墙，钻孔灌注桩，降水及排水，钢格栅喷射混凝土，土方开挖，模板及支架，钢筋，混凝土，施工缝及变形缝，土方回填
		路基工程 04	地基处理 01		原地面平整，碾压，换填，砂（碎石）垫层，强夯，重锤夯实
			基床以下路堤 02		一般路堤填筑，路堤边坡，路堤与桥台过渡段填筑
			基床 03		基床底层，基床表层，路基面
			路堑 04		路堑基床底层，路堑基床表层，路堑开挖
			路基支挡 05	重力式挡墙 01	明挖基坑，基础，换填基础，挡土墙及墙背填筑
				扶壁式挡墙 02	明挖基坑，墙趾板，墙踵板，墙面板，扶壁
			路基防护 06		植物防护，混凝土，浆砌护坡（墙），干砌石护坡，边坡喷护，边坡挂网锚喷防护
			路基排水 07		地表排水沟

续表

类别	单位(子单位)工程	施工工法或工程类型	分部工程	子分部工程	常见分项工程（可增列）
土建与建筑设备安装工程	区间工程02	路基工程04	涵洞08	装配式涵洞01	涵节装配，防水层，沉降缝
				就地制作涵洞02	模板及支架，钢筋，混凝土，砌体，防水层，沉降缝
			桥涵顶进工程05	工作坑及滑板01	排降水，基坑围护，土方开挖，现浇（预制）滑板
				后背02	后背制作，后背安装
				箱涵制作03	模板及支架，钢筋，混凝土，预埋件等
				箱涵顶进04	顶进，挖土
				其他05	
			桥梁工程06	土方工程01	排降水，支护，土方开挖，土方回填
				地基处理02	局部地基处理（如夯实、换填），地基加固（如强夯、水泥粉煤灰碎石桩）等
			地基与基础01	沉入桩03	混凝土沉入桩，钢管沉入桩等
				混凝土灌注桩04	成孔，钢筋，混凝土灌注，桩头处理
				沉井基础05	沉入就位，基底处理，封底，填充
				扩大基础06	垫层，砌体基础，混凝土基础
				混凝土承台07	钢筋，模板，混凝土
			下部结构工程02	砌筑墩、台01	桥梁墩，台砌筑
				钢筋混凝土墩、台、柱、墙02	钢筋，模板，混凝土
				预制钢筋混凝土墩、柱03	预制混凝土墩、柱安装
				钢筋混凝土盖梁04	现浇钢筋混凝土盖梁，预制现浇钢筋混凝土盖梁安装
				支座安装05	安装支座（如板式支座、盆式支座、球型支座等）
			上部结构工程03	钢筋混凝土（梁、板）结构01	钢筋，模板，混凝土
				预制钢筋混凝土（梁、板）结构02	安装预制钢筋混凝土梁、板

续表

类别	单位(子单位)工程	施工工法或工程类型	分部工程	子分部工程	常见分项工程（可增列）
土建与建筑设备安装工程	区间工程02	桥梁工程06	上部结构工程03	预应力钢筋混凝土（梁、板）结构03	钢筋，模板，混凝土，施加预应力
				钢（箱）梁结构04	安装钢（箱）梁
				联合梁、叠合梁结构05	安装钢、板、梁，混凝土主梁，混凝土桥面板浇注等
				其他结构06	
			桥面系工程04	桥面防水01	找平层，防水层（水泥砂浆防水层、涂膜防水层、卷材防水层等），防水保护层
				伸缩装置02	安装伸缩装置
				桥面铺装03	沥青混凝土桥面，水泥混凝土（加强筋网片）桥面，钢纤维混凝土桥面等
				人行道04	铺装人行道
				栏杆、地袱、挂板05	安装栏杆、地袱、挂板
				隔离墩、防撞墩、缘石06	安装隔离墩、防撞墩、缘石
				锥坡07	锥坡基础填筑，砖、石护砌
			附属工程05		桥头搭板，排泄水，台阶，灯，柱等
		U形槽工程07	基坑围护01		钻孔灌注桩，地下连续墙，土钉墙，锚杆及栓网喷射混凝土支护等
			土方工程02		降水、排水，土方开挖，横撑假设，土方回填
			地基处理03		换填，重锤夯实，强夯，水泥粉煤灰碎石桩等
			混凝土结构04		模板及支架，钢筋，混凝土
			排水工程05	截、排水沟01	水沟开挖，水沟砌筑
				排水泵房及泵站02	模板及支架，钢筋，混凝土，排水系统安装
		其他工程08			

车辆段及综合基地工程施工工法或工程类型、分部（子分部）工程、分项工程划分及代码

类别	单位(子单位)工程	施工工法或工程类型	分部工程	子分部工程	常见分项工程（可增列）
土建与建筑设备安装工程	车辆段及综合基地03	道路工程01	路基工程01	路基排水01	地面排水，地下降水
				土路基02	挖方，填方，碾压，路基处理
				特殊路基处理03	泥沼软土，膨胀土等
				其他路基工程04	路肩，边沟，护坡
			基层工程02	砂石基层01	摊铺，碾压，养生
				碎石基层02	摊铺，碾压，嵌缝
				石灰土基层03	摊铺，碾压，养生
				石灰、粉煤灰砂砾基层04	摊铺，碾压，养生
				水泥砂砾基层05	摊铺，碾压，养生
				石灰粉煤灰钢渣基层06	摊铺，碾压，养生
			路面工程03	大粒径沥青碎石联结层01	摊铺，碾压
				沥青混凝土面层02	摊铺，碾压
				改性沥青混凝土面层03	摊铺，碾压
				沥青碎石面层04	摊铺，碾压，封层
				沥青贯入式面层05	洒油，嵌缝，碾压，罩面，养生，观感质量
				水泥混凝土面层06	模板，钢筋，浇注，养生，伸缩缝，观感质量
				钢纤维混凝土面层07	模板，钢筋，浇注，养生，伸缩缝，观感质量
				其他路面面层0	

续表

类别	单位(子单位)工程	施工工法或工程类型	分部工程	子分部工程	常见分项工程（可增列）
土建与建筑设备安装工程	车辆段及综合基地03	道路工程01	挡土墙工程04	现浇重力式混凝土挡墙01	土方，模板，钢筋，浇注，养生，泄水孔
				扶壁式钢筋混凝土挡墙02	土方，垫层，基础，预制挡墙板安装，泄水孔
				预制砌块（砖、石）挡墙03	土方，基础，预埋，勾缝，养生，泄水孔
				加筋土挡墙04	土方，垫层，预制挡墙板安装，筋带布设，土工布粘铺，泄水孔
				浆砌片石重力式挡土墙05	土方，垫层，基础，泄水孔
			人行通道05	土方工程01	明挖土方，暗挖土方，排降水
				结构工程02	预制安装结构，现浇钢筋混凝土结构，盖挖法结构，浅埋暗挖法结构
				设备安装工程03	排水设备泵房安装，供电设备安装
				其他工程04	梯道，栏杆，泵房，消防设施，照明，给排水管道安装
			防水工程06		水泥砂浆刚性抹面防水，卷材防水，涂膜防水，密封防水等
			附属工程07	道牙01	垫层，安砌，后背回填（浇注），勾缝
				雨水口02	土方，安砌，支管安装，雨水箅子安装
				人行步道、广场铺装03	基础，铺装，伸缩缝
				涵洞工程04	土方，基础，涵洞洞体，进出口
				其他05	照明设施，交通设施，环保设施（隔、吸音屏障），绿化设施，小型构筑物等
		路基工程02	见区间工程		见区间工程

续表

类别	单位(子单位)工程	施工工法或工程类型	分部工程	子分部工程	常见分项工程（可增列）
土建与建筑设备安装工程	车辆段及综合基地03	房建工程（单体工程）03	地基与基础01	无支护土方01	降水及排水，土方开挖，土方回填
				有支护土方02	排桩，降水，排水，地下连续墙，锚杆，土钉墙，水泥土桩，沉井与沉箱，钢及混凝土支撑，锚喷，帽梁，腰梁，土方开挖，监控量测及信息反馈，土方回填
				地基处理03	灰土地基，砂和砂石地基，碎砖三合土地基，土工合成材料地基，粉煤灰地基，重锤夯实地基，强夯地基，振冲地基，砂桩地基，预压地基，高压喷射注浆地基，土和灰土挤密桩地基，注浆地基，水泥粉煤灰碎石桩地基，夯实水泥土桩地基
				桩基04	锚杆静压桩及静力压桩，预应力离心管桩，钢筋混凝土预制桩，钢桩，混凝土灌注桩（成孔、钢筋笼、清孔、水下混凝土灌注）
				混凝土基础05	模板，钢筋，混凝土，后浇带混凝土，混凝土结构缝处理
				砌体基础06	砖砌体，混凝土砌块砌体，配筋砌体，石砌体
				劲钢（管）混凝土07	劲钢（管）焊接，劲钢（管）与钢筋的连接，混凝土，劲钢（管）混凝土
				（地下）防水工程08	防水混凝土，水泥砂浆防水层，卷材防水层，涂料防水层，金属板防水层，塑料板防水层，细部构造，喷锚支护，复合式衬砌，地下连续墙，排水，预注浆、后注浆，衬砌裂缝注浆
				钢结构09	焊接钢结构，栓接钢结构，钢结构制作，钢结构安装，钢结构涂装
			主体结构02	混凝土结构01	模板，钢筋，混凝土，预应力，现浇结构，装配式结构
				劲钢（管）混凝土结构02	劲钢（管）焊接，螺栓连接，劲钢（管）与钢筋的连接，劲钢（管）制作、安装，混凝土
				砌体结构03	砖砌体，混凝土小型空心砌块砌体，石砌体，填充墙砌体，配筋砖砌体
				钢结构04	钢结构焊接，钢结构栓接，钢结构制作，紧固件连接，钢零部件加工，单层钢结构安装，多层及高层钢结构安装，钢结构涂装，钢构件组装，钢构件预拼装，钢网架结构安装，压型金属板
				网架和索膜结构05	网架制作，网架安装，索膜安装，网架防火，防腐涂料
				木结构06	方木与原木结构，胶合木结构，轻型木结构，木构件防护

续表

类别	单位(子单位)工程	施工工法或工程类型	分部工程	子分部工程	常见分项工程（可增列）
土建与建筑设备安装工程	车辆段及综合基地03	房建工程（单体工程）03	建筑装饰装修03	地面01	整体面层：基层，水泥混凝土面层，水泥砂浆面层，水磨石面层，防油渗面层，水泥钢（铁）屑面层，不发火（防爆的）面层 板块面层：基层，砖面层（陶瓷锦砖、缸砖、陶瓷地砖和水泥花砖面层），大理石面层和花岗岩面层，预制板块面层（预制水泥混凝土、水磨石板块面层），料石面层（条石、块石面层），塑料板面层，活动地板面层，地毯面层 木竹面层：基层，实木地板面层（条材、块材面层），实木复合地板面层（条材、块材面层），中密度（强化）复合地板面层（条材面层），竹地板面层
				抹灰02	一般抹灰，装饰抹灰，清水砌体勾缝
				门窗03	木门窗制作与安装，金属门窗安装，塑料门窗安装，特种门安装，门窗玻璃安装
				吊顶04	暗龙骨吊顶，明龙骨吊顶
				轻质隔墙05	板材隔墙，骨架隔墙，活动隔墙，玻璃隔墙
				饰面板（砖）06	饰面板安装，饰面板粘贴
				幕墙07	玻璃幕墙，金属幕墙，石材幕墙
				涂饰08	水性涂料涂饰，溶剂性涂料涂饰，美术涂饰
				裱糊与软包09	裱糊，软包
				细部10	橱柜制作与安装，窗帘盒、窗台板和暖气罩制作与安装，门窗套制作与安装，护栏和扶手制作与安装，花饰制作与安装
				厕、浴间防水11	找平层，涂膜防水层，卷材防水层，塑料防水层等，防水保护层
			建筑屋面04	卷材防水屋面01	保温层，找平层，卷材防水层，细部构造
				涂膜防水屋面02	保温层，找平层，涂膜防水层，细部构造
				刚性防水屋面03	细石混凝土防水层，密封材料嵌缝，细部构造
				瓦屋面04	平瓦屋面，油毡瓦屋面，金属板屋面，细部构造
				隔热屋面05	架空屋面，蓄水屋面，种植屋面
			建筑给水、排水及采暖05	室内给水系统01	给水管道及配件安装，室内消火栓系统安装，给水设备安装，管道防腐、绝热，系统清洗，试压，调试
				室内排水系统02	排水管道及配件安装，雨水管道及配件安装，管道通水试验、管道灌水试验

续表

类别	单位(子单位)工程	施工工法或工程类型	分部工程	子分部工程	常见分项工程（可增列）
土建与建筑设备安装工程	车辆段及综合基地03	房建工程（单体工程）03	建筑给水、排水及采暖05	室内热水供应系统03	管道及配件安装，辅助设备安装，防腐、绝热，管道试压，调试
				卫生器具安装04	卫生器具安装，卫生器具给水配件安装，卫生器具排水管道安装
				室外给水管网05	给水管道安装，消防水泵接合器及室外消防栓安装，管沟及井室
				室外排水管网06	排水管道安装，排水管沟与井池、化粪池、隔油池、污水提升泵井
				建筑中水系统07	建筑中水系统管道及辅助设备安装
				供热锅炉及辅助设备安装08	锅炉安装，辅助设备及管道安装，安全附件安装，烘炉、煮炉和试运行，换热站安装，防腐、绝热
			建筑电气06	室外电气01	架空线路及杆上电气设备安装，变压器、箱式变电所安装，成套配电柜、控制柜（屏、台）和动力、照明配电箱（盘）及控制柜安装，电线、电缆导管和线槽敷设，电线、电缆穿管和线槽敷设，电缆头制作、导线连接和线路电气试验，建筑物外部装饰灯具、航空障碍标志灯和庭院路灯安装，建筑照明通电试运行，接地装置安装
				变配电02	变压器、箱式变电所安装，成套配电柜、控制柜（屏、台）和动力、照明配电箱（盘）安装，螺母线、封闭母线、插接式母线安装，电缆沟内和电缆竖井内电缆敷设，电缆头制作、导线连接和线路电气试验，接地装置安装，避雷引下线和变配电室接地干线敷设
				供电干线03	螺母线、封闭母线、插接式母线安装，桥架安装和桥架内电缆敷设，电缆沟内和电缆竖井内电缆敷设，电线、电缆导管和线槽敷设，电线、电缆穿管和线槽敷设，电缆头制作、导线连接和线路电器试验
				电气动力04	成套配电柜、控制柜（屏、台）和动力、照明配电箱（盘）及控制柜安装，低压电动机、电加热器及电动执行机构检查、接线，低压电动机、电加热器及电动执行机构检查、接线，低压电气动力设备检测、试验和空载试运行，桥架安装和桥架内电缆敷设，电线、电缆导管和线槽敷设，电线、电缆穿管和线槽敷设线，电缆头制作、导线连接和线路电气试验，插座、开关、风扇安装

续表

类别	单位(子单位)工程	施工工法或工程类型	分部工程	子分部工程	常见分项工程（可增列）
土建与建筑设备安装工程	车辆段及综合基地03	房建工程（单体工程）03	建筑电气06	电气照明安装05	成套配电柜、控制柜（屏、台）和动力、照明配电箱（盘）及控制柜安装，电线、电缆导管和线槽敷设，电线、电缆穿管和线槽敷线，槽板配线，钢索配线，电缆头制作、导线连接和线路电气试验，普通灯具安装，专用灯具安装，插座、开关、风扇安装，建筑照明通电试运行
				备用电和不间断电源安装06	成套配电柜、控制柜（屏、台）安装，柴油发电机组安装，不间断电源的其他功能单元安装，螺母线、封闭母线、插接式母线安装，电线、电缆导管和线槽敷设，电线、电缆穿管和线槽敷线，电缆头制作、导线连接和线路电气试验，接地装置安装
				防雷及接地安装07	接地装置安装，避雷引下线和变配电室接地干线敷设，建筑物等电位连接，接闪器安装
			智能建筑07	通信网络系统01	通信系统，卫星及有线电视系统，公共广播系统
				办公自动化系统02	计算机网络系统，信息平台及办公自动化应用软件，网络安全系统
				建筑设备监控系统03	空调与通风系统，变配电系统，照明系统，给排水系统，热源与热交换系统，冷冻与冷却系统，电梯与自动扶梯系统，中央管理工作站与操作分站，子系统通信接口
				安全防范系统04	电视监控系统，入侵报警系统，巡更系统，出入口控制（门禁）系统，停车管理系统
				综合布线系统05	缆线敷设和终接，机柜、机架、配线架的安装，信息插座和光缆芯线终端的安装
				智能化集成系统06	集成系统网络，实时数据库，信息安全，功能接口
				电源与接地07	智能建筑电源，防雷及接地
				环境08	空间环境，室内空调环境，视觉照明环境，电磁环境
			通风与空调工程08	送排风系统01	风管与配件制作，部件制作，风管系统安装，空气处理设备安装，风管与设备防腐，风机安装，系统调试，组合式消声器及组合风阀设备制作与安装
				防排烟系统02	风管与配件制作，部件制作，风管系统安装，防排烟风口，常闭正压风口与设备安装，风管与设备防腐，风机安装，系统调试

续表

类别	单位(子单位)工程	施工工法或工程类型	分部工程	子分部工程	常见分项工程（可增列）
土建与建筑设备安装工程	车辆段及综合基地03	房建工程（单体工程）03	通风与空调工程08	除尘系统03	风管与配件制作，部件制作，风管系统安装，除尘器与排污设备安装，风管与设备防腐，风机安装，系统调试
				空调风系统04	风管与配件制作，部件制作，风管系统安装，空气处理设备安装，消声设备制作与安装，风管与设备防腐，风机安装，风管与设备绝热，系统调试，组合式消声器及组合风阀设备制作与安装
				净化空调系统05	风管与配件制作，部件制作，风管系统安装，空气处理设备安装，消声设备制作与安装，风管与设备防腐，风机安装，风管与设备绝热，高效过滤器安装，系统调试
				制冷设备系统06	制冷机组安装，制冷剂管道及配件安装，制冷附属设备安装，管道及设备的防腐与绝热，系统气密性试压、调试
				空调水调试07	管道冷热（媒）水系统安装，冷却水系统安装，冷凝水系统安装，阀门及部件安装，冷却塔安装，水泵及附属设备安装，管道与设备的防腐与绝热，系统试压、清洗、调试
			电梯09	电力驱动的曳引式或强制式电梯安装01	设备进场验收，土建交接检验，驱动主机，导轨，门系统，轿厢，对重（平衡重），安全部件，悬挂装置，随行电缆，补偿装置，电气装置，整机安装验收，外装饰安装
				液压电梯安装02	设备进场验收，土建交接检验，液压系统，导轨，门系统，轿厢，对重（平衡重），安全部件，悬挂装置，随行电缆，电气装置，整机安装验收，外装饰安装
				自动扶梯、自动人行道安装03	设备进场验收，土建交接验收，整机安装验收，外装饰安装
			防水工程10		防水混凝土，水泥砂浆防水层，卷材防水层，涂料防水层，金属板防水层，塑料板防水层，膨润土防水毯防水层，其他类型防水层，细部构造，锚喷支护，地下连续墙，复合式衬砌，排水工程，注浆
		室外建筑环境04	室外附属建筑01		车棚，围墙，大门，挡土墙，垃圾收集站
			室外环境02		建筑小品，道路，亭台，连廊，花坛，场坪绿化
		室外安装05	室外给排水与采暖01		室外给水系统，室外排水系统，
			室外电气02		室外供电系统，室外照明系统

· 44 ·

续表

类别	单位(子单位)工程	施工工法或工程类型	分部工程	子分部工程	常见分项工程（可增列）
土建与建筑设备安装工程	车辆段及综合基地03	管道(线)工程06	管沟（井室）工程01	土方工程01	排降水，围护，土方开挖，土方回填
				地基处理工程02	局部地基处理（如夯实、换填），地基加固（如强夯、水泥粉煤灰碎石桩）等
				基础工程03	砂砾基础，钢筋、模板及支架，混凝土，预埋件、支架、支墩安装等
				井室结构工程04	钢筋，模板及支架，混凝土，防水，预埋件安装等
			给水管道安装工程02	给水管道安装01	铸铁、球墨铸铁管，钢管，预应力混凝土管，PVC管等安装
				井室设备安装02	闸阀、碟阀、排气阀、消火栓、测流计及其附件等安装
				其他03	
			排水管道安装工程03	排水管道安装01	水泥混凝土管、预应力混凝土管及其他排水管道安装
				排水泵站设备安装02	井室构件、水泵、金属管道及管件安装、调试
				排水沟渠03	方沟砌筑、井室砌筑、砖墙勾缝、抹面及防水
			燃气管道安装工程04	钢管安装01	安管，凝水器制作安装，调压箱安装，支吊架及附件制作安装等
				防腐绝缘02	管道防腐施工，阴极保护，绝缘板安装等
				闸室设备安装03	阀、伸缩器等安装
				聚乙烯塑料管安装04	聚乙烯塑料管安装，安装凝水器及调压箱，抗渗处理等
			热力管道安装工程05	钢管安装01	钢管安装，固定支架、滑动支架、涨力、套筒、伸缩器等附件安装
				除锈防锈02	喷砂除锈，酸洗除锈，刷防锈漆等
				管道保温03	保温层，工厂化树脂保温壳，保护层
				热力井室设备安装04	设备安装及调试
			其他管道（线）安装工程06		

续表

类别	单位(子单位)工程	施工工法或工程类型	分部工程	子分部工程	常见分项工程（可增列）
土建与建筑设备安装工程	车辆段及综合基地03	车辆段工艺设备安装07	架修库专用设备安装01		设备进场验收，基础施工，设备组装调整，设备配线，调试
			洗车库专用设备安装02		设备进场验收，基础施工，设备组装，上下水系统安装，设备配线，调试
			不落轮库设备安装03		设备进场验收，基础施工，设备安装，设备配线，调试
			喷漆库设备安装04		设备进场验收，基础施工，设备安装，设备配线，设备调试，排风系统安装，排风系统调试
			起重机设备安装05		设备进场验收，土建交接检验（吊车梁），轨道安装，车挡安装，起重机组装，小车在起重机上就位、调整，起重机驾驶箱吊装，起重机配线，滑接线安装，调试，试运行
			机加工设备安装06		设备进场验收，基础施工，机床组装，机床就位、调整，液压气动和润滑管道安装，机床配线，调试，试运转
			空压机站设备安装07		设备进场验收，基础施工，设备安装，设备配线，送风系统安装，排风系统安装，系统调试
			蓄电池间设备安装08		设备进场验收，设备安装，软化水系统安装，排污系统安装，系统调试

系统设备安装工程施工工法或工程类型、分部（子分部）工程、分项工程划分及代码

类别	单位(子单位)工程	施工工法或工程类型	分部工程	常见分项工程（可增列）
轨道交通系统设备安装工程	通信工程04		光传输系统 01	设备安装与配线
				设备单机特性检验
				系统测试
				维护专用电话
				网管系统
			公务电话系统 02	设备安装与配线
				设备检查与系统检测
				系统性能测试
			专用电话系统 03	程控调度交换机
				调度电话分机
				车站电话集中机
				直通电话分机、区间电话插销
			无线通信系统 04	漏泄同轴电缆线路
				铁塔和天线
				设备安装与配线
				电气特性
				系统性能测试
			广播系统 05	设备安装与配线
				电气特性
				系统功能

续表

类别	单位(子单位)工程	施工工法或工程类型	分部工程	常见分项工程（可增列）
轨道交通系统设备安装工程	通信工程04		闭路电视监视系统06	设备安装与配线
				电气特性
				系统功能
			时钟系统07	设备安装与配线
				电气特性
				系统功能
			信息网络系统08	设备安装与配线
				电气特性
				系统功能
			警用通信系统09	漏泄同轴电缆线路
				铁塔和天线
				设备安装与配线
				电气特性
				系统性能测试
			商用通信系统10	漏泄同轴电缆线路
				铁塔和天线
				设备安装与配线
				电气特性
				系统性能测试
			通信电源系统和接地装置11	交流配线柜（箱）
				高频开关电源
				不间断电源（UPS）
				蓄电池
				电源配线
				接地装置
			专用通信线路系统12	光缆线路
				电缆线路
				托架、托板、吊架、支架、桥架
				电缆交接箱、分线盒

续表

类别	单位(子单位)工程	施工工法或工程类型	分部工程	常见分项工程（可增列）
轨道交通系统设备安装工程	信号工程05		ATS子系统01	机架(柜)安装，ATS车站分机安装调试，ATS中新设备安装调试，发车计时器（TDT）安装，列车识别装置（PTI）安装，ATS传输通道调试，子系统调试
			ATP子系统02	钢轨绝缘安装，道岔跳线安装，钢轨接续线安装，机架（柜）安装，轨道电路安装调试，ATP环路安装调试，ATC机柜安装，天线安装，测速电机安装，接口继电器组合盘架安装，司机操纵台配线，静态调试，动态调试，子系统调试
			CI子系统03	矮柱信号机安装调试，高柱信号机安装调试，电动转辙机安装装置安装，电动转辙机安装调试，控制台安装调试，应急台安装调试，紧急关闭按钮安装，机架（柜）安装，计算机联锁机安装调试，子系统调试
			ATO子系统04	机架安装，ATO环路安装调试，ATO设备安装调试，ATC机柜安装，天线安装，接口继电器组合盘架安装，司机操纵台配线，静态调试，动态调试，综合调试，子系统调试
			DCS子系统05	有线网络：室内机柜、光传输线路安装及调试 无线网络：定位天线、无线接入单元安装，应答器安装，电磁兼容测试
			电缆线路06	电缆敷设，电缆防护，电缆引入，电缆支架安装，电缆接续，屏蔽连接，各种箱、盒安装
			电源（UPS）设备07	不间断电源（UPS）安装调试，开关柜安装调试，电源屏安装调试，防雷装置安装，接地体安装，接地装置安装
			车辆段/停车场08	段/场计算机联锁设备安装，轨道占用/检测设备安装，高/矮柱信号机安装，道岔转辙设备安装，微机监测设备安装
	主变电站06	房屋建筑01		地基与基础，主体结构，屋面，装饰与装修，给排水及消防（含气体灭火），建筑电气，通风与空调
		高中压设备安装02		基础及构架，防雷及接地，变压器安装，110 kV组合电器，高压静止无功发生器，35 kV开关柜，35 kV中性点电阻柜，110 kV中性点组合设备，电缆敷设，直流系统，二次接线，综合自动化系统，试验及送电开通
	供电工程07	变电所电气设备安装01	每个变电所为一个子分部工程01	基础槽钢、电缆支架安装，接地装置安装及试验，变压器安装，整流器安装，35 kV开关柜安装，1 500 V开关柜安装，400 V开关柜安装，交直流配电屏安装，电力及控制电缆敷设，整组传动试验，开通试运行

续表

类别	单位(子单位)工程	施工工法或工程类型	分部工程	常见分项工程（可增列）
轨道交通系统设备安装工程	供电工程07	接触网02		埋入螺栓，安装支持结构，接触悬挂安装及调整，设备安装及调整，架空地线，警示防护设施，试验及送电开通
		系统电缆03		电缆支架及接地，35 kV 电缆，双边联调电缆敷设及电缆头制作
		综合监控系统04		分站硬件安装，分站软件安装，控制中心硬件安装，控制中心软件安装，管槽安装及电缆敷设，系统调试
		杂散电流防护05		测防端子连接，电缆敷设，排流柜安装，排流箱、参比电极安装，杂散电流系统测试
	屏蔽门/安全门系统08	屏蔽门/安全门安装01		土建交接验收，设备进场验收，屏蔽门/安全门安装，外装饰安装
		屏蔽门/安全门系统调试02		线缆敷设，主机安装，系统调试
	自动售检票工程09		培训中心系统01	缆线敷设及防护，缆线的终接，培训设备安装，电源设备安装，单体测试，系统联调
			维修中心系统02	缆线敷设及防护，缆线的终接，维护设备安装，电源设备安装，单体测试，系统联调
			模拟测试系统03	缆线敷设及防护，缆线的终接，测试设备安装，电源设备安装，单体测试，系统联调
			票务中心系统04	缆线敷设及防护，缆线的终接，票务设备安装，电源设备安装，单体测试，系统联调
			清分中心05	缆线敷设及防护，缆线的终接，中心设备安装，电源设备安装，单体测试，系统联调
			后备 ACC 系统06	缆线敷设及防护，缆线的终接，中心设备安装，电源设备安装，单体测试，系统联调
			线路中央系统（LC）07	缆线敷设及防护，缆线的终接，中心设备安装，电源设备安装，单体测试，系统联调

续表

类别	单位(子单位)工程	施工工法或工程类型	分部工程	常见分项工程（可增列）
轨道交通系统设备安装工程	自动售检票工程09		车站系统（SC）08	缆线敷设及防护，缆线的终接，车站设备安装，电源设备安装，单体测试，系统联调
			电源设备09	缆线敷设及防护，缆线的终接，设备安装，单体测试，系统联调
	旅客信息系统10		中心播出系统01	缆线敷设及防护，缆线的终接，培训设备安装，电源设备安装，单体测试，系统联调
			广告制作系统02	缆线敷设及防护，缆线的终接，票务设备安装，电源设备安装，单体测试，系统联调
			车站信息发布、查询系统03	缆线敷设及防护，缆线的终接，中心设备安装，电源设备安装，单体测试，系统联调
			车载系统04	缆线敷设及防护，缆线的终接，车站设备安装，电源设备安装，单体测试，系统联调

轨道工程施工工法或工程类型、分部（子分部）工程、分项工程划分及代码

类别	单位(子单位)工程	施工工法或工程类型	分部工程	常见分项工程（可增列）
轨道工程11		正线轨道01	铺轨基标01	铺轨基标测设
			有砟道床轨道02	铺底砟
				铺面砟
				铺枕
				有缝线路铺轨
				无缝线路铺轨
				钢轨焊接
				埋设观测桩
				起拨道、整道
			有砟道床道岔03	铺底砟
				铺面砟
				铺岔枕、铺道岔
				起拨道、整道

续表

类别	单位(子单位)工程	施工工法或工程类型	分部工程	常见分项工程（可增列）
轨道工程 11	正线轨道 01		无砟道床轨道 04	混凝土短轨枕
				混凝土道床
				无缝线路铺轨
				钢轨焊接
				埋设观测桩
				整道
			无砟道床道岔 05	混凝土短岔枕
				混凝土道床
				道岔铺设
				伸缩调节器铺设
				整道
			接触轨铺设 06	无砟道床接触轨混凝土支承块
				无砟道床接触轨安装
				无砟道床接触轨托架及防护板安装
				有砟道床接触轨安装
				有砟道床接触轨托架及防护板安装
			轨道附属设备 07	线路及信号标志
				防护设施
				护轨安装
	车辆段轨道 02		铺轨基标 01	铺轨安装
			有砟道床轨道 02	铺底砟
				铺面砟
				铺枕
				铺轨
				起拨道、整道
			无砟道床道岔 03	铺底砟
				铺面砟
				铺岔枕

续表

类别	单位(子单位)工程	施工工法或工程类型	分部工程	常见分项工程（可增列）
轨道工程 11	车辆段轨道 02		无砟道床道岔 03	铺道岔
				起拨道、整道
			无砟道床轨道 04	混凝土短轨枕
				混凝土道床
				轨道铺设
				整道
			无砟道床道岔 05	混凝土短岔枕
				混凝土道床
				道岔铺设
				整道
			接触轨铺设 06	无砟道床接触轨混凝土支承块
				无砟道床接触轨安装
				无砟道床接触轨托架及防护板安装
				有砟道床接触轨安装
				有砟道床接触轨托架及防护板安装
			轨道附属设备 07	线路及信号标志
				防护设施
				护轨安装

声屏障工程施工工法或工程类型、分部（子分部）工程、分项工程划分及代码

类别	单位(子单位)工程	施工工法或工程类型	分部工程	子分部工程	常见分项工程（可增列）
其他	声屏障工程 12		按同种材料同一结构类型的施工段划分		钢结构焊接
					钢结构紧固件连接
					钢结构组装
					钢结构涂装
					吸隔声板安装（吸声板粘贴）
					隔声墙砌筑

附件2 工程质量验收自评报告编写大纲

一、工程概况

1．环境与地质描述。

2．项目概况（里程、主要尺寸、结构形式、开工日期、竣工日期、投资规模、工程特点、参建单位等）。

二、合同完成情况（包括重大设计变更和施工变更情况）

三、简述过程中的质量控制（主要的质量控制措施，特别是工程重点、难点控制、攻关和取得的效果）

四、工程质量评价

1．轴线偏差和建筑界限偏差。

（1）中线贯通测量误差。

中线贯通测量误差

贯通测量	设计允许偏差值	实测最大偏差值	备注
横向			
纵向			
高程			

（2）结构断面：检测的频度、数量，中线、标高位置正确与否，最大的实测误差值，净空尺寸能否满足设计要求等。

（3）站中心点左线、右线与设计偏差值是多少。

（4）站的两端左线、右线与设计的偏差值及最大偏差值。

（5）站台板两端及中心里程与设计的最大偏差值。

（6）高程：站的中心里程和站台两端的偏差和最大值。

（7）轨道中心线到站台板的超差点数和最大偏差。

（8）地面及建筑物沉降观测的最大值和位置。

暗挖隧道地表沉降、建筑物监测的情况和处理方法、建筑物的稳定性，洞内拱顶（检测多少断面和点数）累积沉降量最大点和值，洞内收敛累积变形量最大点和值。

2．基底土力学试验和成桩质量与设计要求的承载力检测情况（包括数量、频度、检测结果的统计）。

3．接地装置的检测数据。

4．原材料、构配件质量检测统计。

原材料、构配件质量检测统计

序号	材料名称	规范应检组数	实测组数	CMA 见证取样送检			其中监督抽检		
				组数	抽检率	合格率	组数	抽检率	合格率

5．混凝土、砂浆质量统计。

混凝土、砂浆质量统计

设计强度	规范应检总数	实检总数	合格率	平均值/MPa	标准差	最小值/MPa	其中 CMA 见证取样抽检		其中监督抽检	
							组数	抽检率	组数	抽检率
同条件养护										

6．锚杆拉拔检测的数量、结果。

7．结构实体检测（混凝土强度检测、钢筋保护层厚度检测、二衬厚度检测）的结果。

8．结构尺寸偏差情况，最大值。

9．回填土压实度检测数量、密实度。

10．结构渗漏和堵漏完成情况（材料、24 小时的排水量）。

11．盾构工程管片错台统计。

盾构工程管片错台统计

区间名称	线路	拼装总环数	错台量超 ±10 mm 环数	错台比率 /%	合格率 /%
注：对掘进施工过程中，管片错台值较大的点，应说明里程、处理和设计意见、管片破损情况及修补办法、效果，管片材料统计、破坏性试验、隧道渗漏情况、设计变更及工法改变原因、质量事故处理方法及效果等					

12. 高架工程。

(1) 高架桥预制构件预制偏差统计表。

高架桥预制构件预制偏差统计表

	检查项目	节段长度	梁高	梁宽	板厚	
节段梁	设计允许偏差/mm					
	实测偏差					
	检查项目	高度	板厚			长度
			上部	中间凹部	下部	
档板	设计允许偏差/mm					
	实测偏差					

(2) 高架桥下部结构测量偏差表。

高架桥下部结构测量偏差表

测量项目	桩基础测量		承台测量		墩台测量		
	桩位	倾斜度	尺寸	顶面标高	轴线偏位	垫石顶面高程	垫石中心位置	预埋件位置
允许偏差								
实际最大偏差								

(3) 高架桥上部箱梁测量偏差表。

高架桥上部箱梁测量偏差表　　　　　　　　　　　　mm

测量项目	现浇（节段梁）箱梁							
	顶面标高	轴线偏位	接缝错台	现浇外形尺寸	表面平整要求	中线、轴线偏位	梁长	相邻跨轴线偏差
允许偏差								
实测最大偏差								

(4) 箱梁架设施工偏差表。

箱梁架设施工偏差表　　　　　　　　　　　　mm

序号	项目	允许偏差	实测最大偏差
1	墩台纵向错动量		
2	墩台横向错动量		
3	同端支座中心横向距离		
4	支座板四角高差		

续表

序号	项目	允许偏差	实测最大偏差
5	同一梁端两支座的高差		
6	上下座板中心的十字线扭曲		
7	固定支座上、下座板中心线的纵、横错台量		
8	活动支座上、下座板中心的纵、横错台量		
9	端部错位		
10	端部相对高差		

（5）车站建筑测量偏差表。

车站建筑测量偏差表　　　　　　　　　　　　　　　　mm

测量项目	基础轴线	墙柱梁轴线位置	垂直度		标高		预埋设施中心位置		
			层高＞5 m	全高	层高	全高	预埋件	预埋螺栓	预留洞位置
允许偏差									
实际最大偏差									

（6）高架基础沉降变形测量观测情况统计。

13．机电安装与装修工程。

（1）车站各专业系统调试完成情况及实现功能情况。

（2）车站主要设备质量性能参数实测是否满足厂家及设计要求（列表）。

车站设备安装工程材料抽检汇总表

序号	检测项目	组数	检测项目	见证抽检		监督抽检	
				组数	抽检率	组数	抽检率

主要材料试验数据表

序号	材料名称	检验项目	设计或规范要求数据	检验数据	检验结论	检测单位

消防产品材料统计表

序号	产品名称	型号规格	厂家	数量	检测形式

重要消防材料防火性能

序号	专业	检验项目	设计或规范要求数据	检验数据	检验结论	试验单位

主要部位质量控制数据

序号	专业	检验项目	设计或规范要求数据	检验数据	检验结论	试验单位

五、使用功能和安全性能的抽查和检测情况，对质量问题的处理、效果等

六、质保资料的审查情况，应按质保资料核查表统计和归档

七、单位（子单位）工程的质量评定情况（观感、分项、分部、单位工程合格率情况统计）

单位（子单位）工程质量评定汇总

分部工程名称	分项工程名称	检验批次	分项评定意见	分部评定意见
地基基础分部				
主体结构分部				

八、验收前检查整改问题的完成情况和遗留工程或需完善的问题

附件3 内蒙古自治区轨道交通建设工程质量验收工作指引

一、前言

内蒙古自治区轨道交通建设工程质量验收是轨道交通工程开通及投入运营的前提条件,内蒙古自治区轨道交通工程质量验收是按《建筑工程施工质量验收统一标准》(GB 50300—2013)、《地下铁道工程施工验收标准》(GB 50299—2018)等文件的要求进行的。

内蒙古自治区轨道交通工程质量验收工作是按样板工程、分项工程、分部工程、验前检查、单位(子单位)工程、国家验收六个阶段进行的。为使内蒙古自治区轨道交通工程质量验收工作能有条不紊地根据工程策划,按照中华人民共和国住房和城乡建设部、内蒙古自治区有关工程质量验收的有关规定进行,根据《内蒙古自治区轨道交通工程质量管理办法(试行)》,特编制了《内蒙古自治区轨道交通工程质量验收工作指引》,以使各参建部门能较直观地从流程图和相关表格中明确验收阶段需要做的工作。

具体的分部工程划分以及验收程序、职责、要求与表格,请参见《内蒙古自治区轨道交通工程质量验收管理办法(试行)》。

二、工程质量验收组织关系

工程质量验收组织关系

验收层次	主持人员	组织部门	参加部门及人员	主要工作备注
样板工程验收	监理工程师	监理单位	施工单位(项目经理、技术负责人)、监理单位(总监和代表)、设计单位、勘察单位(土建)、质量监督机构、建设单位(工程部、总工办、安全质量监督部)	验收合格后,监理单位负责起草会议纪要,跟踪检查整改问题
分项工程验收	监理工程师	监理单位	施工单位、监理单位	
分部工程验收	总监理工程师	监理单位	施工单位(项目经理、技术负责人)、监理单位(总监和代表)、设计单位、勘察单位(土建)、质量监督机构、建设单位(工程部、总工办、安全质量监督部、合同预算部、档案部、机电设备部)。对于地基基础、主体结构分部工程验收,施工单位技术、质量部门负责人也应参加	验收通过后,监理单位负责起草会议纪要,跟踪检查整改问题。工程部项目工程师、监理工程师检查、督促承包商关于重要分部工程到监督部门验收登记备案完成情况

续表

验收层次	主持人员	组织部门	参加部门及人员	主要工作备注
初步验收	工程部副部长（验收专业组的专业负责人）	监理单位	施工单位（项目经理、技术负责人）、监理单位（总监和代表）、设计单位、勘察单位（土建）、市质量监督机构、建设单位（工程部、总工办、安全质量监督部、档案部、机电设备部、运营部门）、城建档案馆	同意申请工程验收后，监理单位负责起草会议纪要，落实问题的整改。工程部各工区制订周、月验收计划报工程部，并负责协调、落实验收计划的实施，工程部配合协调并制订周、月验收计划及指导验收的准备工作
单位（子单位）工程验收	公司验收委员会委派的验收专业组组长	建设单位（安全质量监督部）	施工单位（项目经理、技术负责人）、监理单位（总监和代表）、设计单位、勘察单位（土建）、质量监督机构、建设单位（工程部、总工办、安全质量监督部、档案部、运营部门、财务部、合同预算部、机电设备部）、城建档案馆、档案局	验收通过后，监理单位负责起草会议纪要，落实检查整改问题的完成情况。工程部项目工程师、监理工程师检查有关验收文件的签认及报送质量监督机构的完成情况和验收遗留问题的整改情况，安全质量监督部整理相关文件到工程建设行业管理部门办理备案手续

三、验收工作流程

建设工程质量验收工作流程

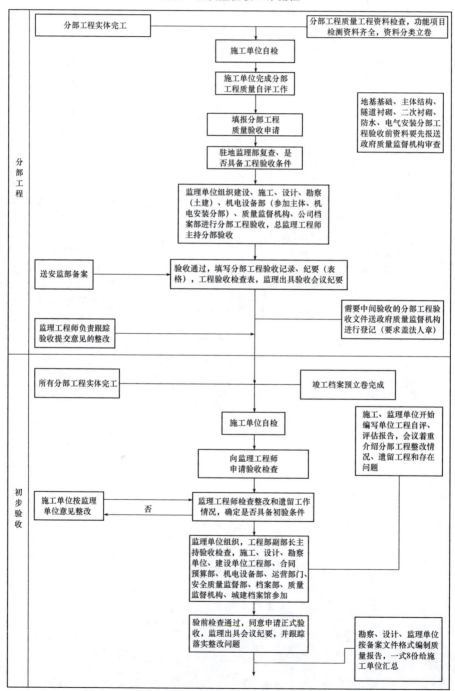

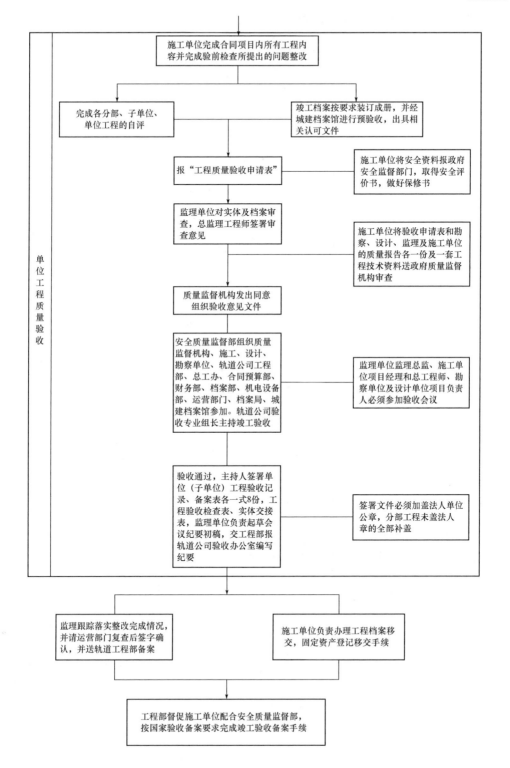

四、建设工程中间验收登记流程

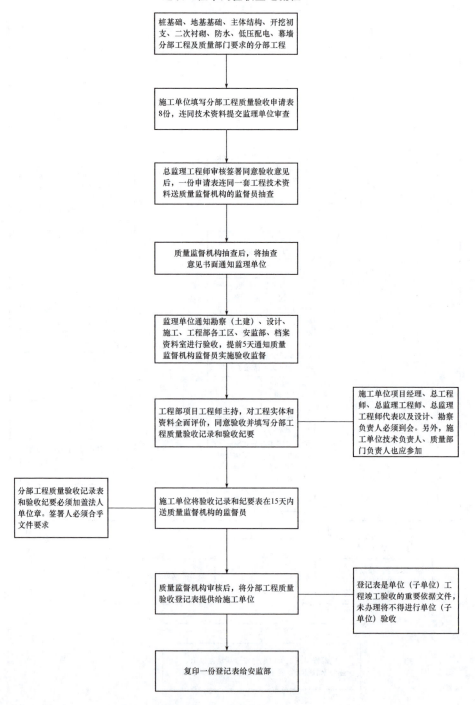

五、单位（子单位）工程质量验收会议程序

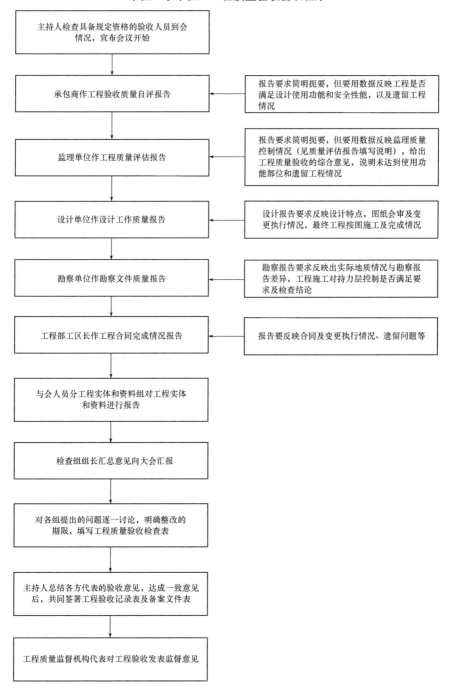

单位（子单位）工程质量验收会议程序

六、竣工验收需提交的资料目录

竣工验收需提交的资料目录

序号	时间	材料名称	验收委员会办公室份数	备注	质监站份数
1	验收会议前提交	验收申请	1	原件	1
2		质监部门同意竣工验收意见书	1		
3		施工图设计文件审查意见（施工图设计咨询）	1	原件	1
4		设计文件质量检查报告	2	原件	1
5		勘察文件质量检查报告	2	原件	1
6		监理质量评估报告	2	原件	1
7		施工单位质量自评报告	2	原件	1
8		安全评价书	1	原件	
9		质量保修书	1	原件	
10		工程质量控制资料核查记录	1	原件	1
11		工程安全和功能检验资料核查及主要功能抽查记录	1	原件	1
12		工程观感质量检查记录	1	原件	1
13		分部工程验收记录、纪要、中间验收登记表	1	复印件	
14		施工单位资质、材料检测及抽检单位资质、桩基检测单位资质	1	复印件	
15		工程中标通知书、建设施工合同协议书	1	复印件	1
16		淤泥排放证、夜间施工许可证	1	复印件	
17		施工单位质量自评报告（电子版本）	1	电子文件	
18		钢筋、混凝土原材料统计（以单位工程按强度进行统计，同条件养护单独汇总）	1	电子文件	
19	验收会后盖公章提交	工程实体交付使用接管确认证书	1	原件	
20		单位（子单位）工程质量验收记录	4	原件	1
21		竣工验收备案表	6	原件	
22		质监部门工程质量验收监督意见书	1		
23		施工许可证	1	原件	
24		验收检查记录表（已整改完成并经意见单位签字确认）	1	复印件	

七、子单位工程验收需准备提交给政府质监部门的资料清单（供参考）

子单位工程验收需准备提交给政府质监部门的资料清单（供参考）

序号	资料名称	备注
1	规划许可证	复印件
2	施工、监理中标通知书、施工合同	复印件
3	开工报告	
4	施工图设计文件审查意见书	复印件
5	施工组织设计审批意见表	复印件
6	监理旁站方案	复印件
7	工程施工许可手续	复印件
8	防水、监测等专业分包单位分包资质证书	复印件
9	抽查情况通知书及回复	原件，须有监理意见
10	责令整改通知书及回复	原件，须有监理意见
11	桩基、地基处理检测方案及检测报告	原件，须五方签名
12	贯通测量报告等第三方进行的功能性检测报告	原件
13	结构实体质量抽测记录	复印件
14	各分部工程验收纪要	原件，须五方签名
15	各分部工程验收纪要	复印件
16	工程质量验收申请表及单位（子单位）验收纪要、记录	原件
17	施工单位工程质量自评报告	原件
18	监理单位质量评估报告	原件
19	勘察文件质量检查报告	原件
20	设计文件质量检查报告	原件
21	安全评价书	复印件
22	工程质量验收计划书	原件
23	建设单位已按合同约定支付工程款的证明文件（施工单位出具，建设单位签认）	原件
24	工程质量保修书	原件
注：相关表格需要盖公章的位置必须盖法人章，项目总监签名位置需加盖注册章			

附　表

附表 1　明挖车站工程检验批质量验收记录表

钻孔灌注桩钢筋笼检验批质量验收记录表					编号	
单位工程名称				分部工程名称		
分项工程名称						验收部位
施工单位						项目经理
分包单位						分包项目经理
施工执行标准名称及编号						
施工质量验收标准的规定				施工单位检查记录		监理（建设）单位验收记录	
主控项目	1	钢筋材质检验		设计要求			
主控项目	2	钢筋笼制作偏差/mm	主筋间距	±10			
主控项目	2	钢筋笼制作偏差/mm	长度	±30			
一般项目	1	钢筋笼制作偏差/mm	箍筋间距	±20			
一般项目	2	钢筋笼制作偏差/mm	直径	±10			
施工单位检查结果	专业工长（施工员）			施工班组长			
施工单位检查结果	项目专业质量检查员：						年　月　日
监理（建设）单位验收结论	专业监理工程师： （建设单位项目专业技术负责人）：						年　月　日

钻孔灌注桩检验批质量验收记录表

编号	

单位工程名称		分部工程名称	
分项工程名称		验收部位	
施工单位		项目经理	
分包单位		分包项目经理	
施工执行标准名称及编号			

		施工质量验收标准的规定			施工单位检查记录	监理（建设）单位验收记录
主控项目	1	桩位	轴线方向 /mm	±50		
			垂直轴线方向 /mm	30，0		
	2	孔深 /mm		+300		
	3	桩体质量检验		设计要求		
	4	混凝土强度		设计要求		
	5	承载力		设计要求		
一般项目	1	垂直度		5‰		
	2	桩径 /mm		±50		
	3	泥浆比重（黏土或砂性土中）		1.15～1.20		
	4	泥浆面标高（高于地下水位）/m		0.5～1.0		
	5	沉渣厚度	端承桩 /mm	≤50		
			摩擦桩 /mm	≤150		
	6	混凝土坍落度	水下灌注 /mm	160～210		
			干施工 /mm	100～210		
	7	钢筋笼安装深度 /mm		±50		
	8	混凝土充盈系数		>1		
	9	桩顶标高 /mm		+30，−50		

施工单位检查结果	专业工长（施工员）	施工班组长	
	项目专业质量检查员：	年 月 日	
监理（建设）单位验收结论	专业监理工程师： （建设单位项目专业技术负责人）：	年 月 日	

地下连续墙检验批质量验收记录表

编号		

单位工程名称		分部工程名称	
分项工程名称		验收部位	
施工单位		项目经理	
分包单位		分包项目经理	
施工执行标准名称及编号			

		施工质量验收标准的规定			施工单位检查记录	监理（建设）单位验收记录
主控项目	1	墙体强度		设计要求		
	2	垂直度	永久结构	1/300		
			临时结构	1/150		
一般项目	1	导墙尺寸/mm	宽度	$W+40$		
			墙面平整度	≤5		
			导墙平面位置	±10		
	2	沉渣厚度/mm	永久结构	≤100		
			临时结构	≤200		
	3	槽深/mm		+100		
	4	混凝土坍落度/mm		180～220		
	5	钢筋笼尺寸/mm	长度	±50		
			宽度	±20		
			厚度	0，-10		
			主筋间距	±10		
			分布筋间距	±20		
			预埋件中心位置	±10		
	6	地下墙表面平整度/mm	永久结构	≤100		
			临时结构	≤150		
			插入式结构	≤20		
	7	永久结构时的预埋件位置/mm	水平向	≤100		
			垂直向	≤200		

施工单位检查结果	专业工长（施工员）	施工班组长	
	项目专业质量检查员：		年 月 日

监理（建设）单位验收结论	专业监理工程师： （建设单位项目专业技术负责人）：		年 月 日

土钉墙支护检验批质量验收记录表

编号	

单位工程名称		分部工程名称	
分项工程名称		验收部位	
施工单位		项目经理	
分包单位		分包项目经理	
施工执行标准名称及编号			

施工质量验收标准的规定			施工单位检查记录	监理（建设）单位验收记录
主控项目	1	原材料检验	设计要求		
	2	钉孔锚固砂浆强度	设计要求		
	3	喷射混凝土强度	设计要求		
一般项目	1	土钉孔深 /mm	±50		
	2	土钉间距 /mm	±50		
	3	土钉长度 /mm	±50		
	4	网格间距 /mm	±50		
	5	土钉墙面厚度 /mm	±50		

施工单位检查结果	专业工长（施工员）	施工班组长
	项目专业质量检查员：	年　月　日

监理（建设）单位验收结论	专业监理工程师： （建设单位项目专业技术负责人）：	年　月　日

旋喷桩检验批质量验收记录表

编号	

单位工程名称		分部工程名称	
分项工程名称		验收部位	
施工单位		项目经理	
分包单位		分包项目经理	
施工执行标准名称及编号			

		施工质量验收标准的规定		施工单位检查记录								监理（建设）单位验收记录
主控项目	1	水泥及外掺剂质量	符合出厂要求									
	2	水泥用量	设计要求									
	3	桩体强度或完整性检验	设计要求									
	4	桩体承载力	设计要求									
一般项目	1	钻孔位置	≤50									
	2	钻孔垂直度 /%	≤1.5									
	3	孔深 /mm	200									
	4	注浆压力	按设计参数									
	5	桩体搭接 /mm	>200									
	6	桩体直径 /mm	≤50									
	7	桩体中心允许偏差 /mm	≤0.2D									

施工单位检查结果	专业工长（施工员）		施工班组长	
	项目专业质量检查员：		年 月 日	

监理（建设）单位验收结论	专业监理工程师： （建设单位项目专业技术负责人）：	年 月 日

横撑支护检验批质量验收记录表

编号	

单位工程名称			分部工程名称	
分项工程名称			验收部位	
施工单位			项目经理	
分包单位			分包项目经理	
施工执行标准名称及编号				

		施工质量验收标准的规定			施工单位检查记录	监理（建设）单位验收记录
主控项目	1	支撑位置 /mm	高程	±50		
			水平间距	±100		
	2	施加预应力偏差 /kN		±50		
一般项目	1	围囹标高 /mm		±30		
	2	立柱桩		设计要求		
	3	立柱桩位置：标高 /mm 平面 /mm		±30 ±50		
	4	开挖超深（开槽放支撑不在此范围）/mm		＜200		
	5	支撑安装时间		设计要求		

施工单位检查结果	专业工长（施工员）		施工班组长	
	项目专业质量检查员：			年 月 日

监理（建设）单位验收结论	专业监理工程师： （建设单位项目专业技术负责人）：			年 月 日

锚杆（索）检验批质量验收记录表

编号			
单位工程名称		分部工程名称	
分项工程名称		验收部位	
施工单位		项目经理	
分包单位		分包项目经理	
施工执行标准名称及编号			

		施工质量验收标准的规定		施工单位检查记录	监理（建设）单位验收记录
主控项目	1	原材料检验	设计要求		
	2	锚杆（索）安装	设计要求		
	3	注浆量及注浆压力	设计要求		
	3	张拉值及锁定值	设计要求		
	4	插入长度允许偏差/mm	±30		
一般项目	1	锚杆（索）位置/mm	±50		
	2	钻孔倾斜度	1°		
	3	钻孔深度/mm	±50		

施工单位检查结果	专业工长（施工员）		施工班组长	
	项目专业质量检查员：			年 月 日

监理（建设）单位验收结论	专业监理工程师： （建设单位项目专业技术负责人）：			年 月 日

桩间网喷混凝土检验批质量验收记录表

编号	

单位工程名称		分部工程名称	
分项工程名称		验收部位	
施工单位		项目经理	
分包单位		分包项目经理	
施工执行标准名称及编号			

		施工质量验收标准的规定		施工单位检查记录	监理（建设）单位验收记录
主控项目	1	材料质量	设计要求		
	2	喷射混凝土强度	设计要求		
一般项目	1	喷射混凝土厚度	设计要求		
	2	钢筋网的制作、安装	设计要求		

施工单位检查结果	专业工长（施工员）		施工班组长	
	项目专业质量检查员：			年 月 日

监理（建设）单位验收结论	专业监理工程师： （建设单位项目专业技术负责人）：			年 月 日

混凝土垫层检验批质量验收记录表

编号	

单位工程名称		分部工程名称	
分项工程名称		验收部位	
施工单位		项目经理	
分包单位		分包项目经理	
施工执行标准名称及编号			

施工质量验收标准的规定				施工单位检查记录	监理（建设）单位验收记录
主控项目	1	材料质量	设计要求		
	2	喷射混凝土强度	设计要求		
一般项目	1	允许偏差/mm	表面平整度	10		
	2		标高	±10		
	3		坡度	2/1 000，且 ≤30		
	4		厚度	<1/10		

施工单位检查结果	专业工长（施工员）	施工班组长		
	项目专业质量检查员：		年 月 日	
监理（建设）单位验收结论	专业监理工程师： （建设单位项目专业技术负责人）：		年 月 日	

砂与砂石地基检验批质量验收记录表

编号	

单位工程名称		分部工程名称	
分项工程名称		验收部位	
施工单位		项目经理	
分包单位		分包项目经理	
施工执行标准名称及编号			

		施工质量验收标准的规定		施工单位检查记录	监理（建设）单位验收记录
主控项目	1	地基承载力	设计要求		
	2	配合比	设计要求		
	3	压实系数	设计要求		
一般项目	1	砂石料有机质含量 /%	≤5		
	2	砂石料含泥量 /%	≤5		
	3	石料粒径 /mm	≤100		
	4	含水量（与最优含水量比较）/%	±2		
	5	分层厚度（与设计要求比较）/mm	±50		

施工单位检查结果	专业工长（施工员）	施工班组长	
	项目专业质量检查员：		年　月　日
监理（建设）单位验收结论	专业监理工程师： （建设单位项目专业技术负责人）：		年　月　日

基坑开挖检验批质量验收记录表

编号	

单位工程名称		分部工程名称	
分项工程名称		验收部位	
施工单位		项目经理	
分包单位		分包项目经理	
施工执行标准名称及编号			

		施工质量验收标准的规定		施工单位检查记录	监理（建设）单位验收记录
主控项目	1	轴线位置	±5 mm		
	2	长、宽	不小于设计值并适当外放		
	3	基底标高/mm	+10，−20		
	4	边坡坡率	不小于设计值		
	5	机械开挖至基底时	预留0.3～0.5 m厚土层用人工开挖		
	6	开挖完成后	进行基底验槽		
一般项目	1	平整度允许偏差/mm	20		

施工单位检查结果	专业工长（施工员）		施工班组长	
	项目专业质量检查员：			年　月　日

监理（建设）单位验收结论	专业监理工程师： （建设单位项目专业技术负责人）：			年　月　日

基坑回填检验批质量验收记录表				编号		
单位工程名称			分部工程名称			
分项工程名称				验收部位		
施工单位				项目经理		
分包单位				分包项目经理		
施工执行标准名称及编号						
		施工质量验收标准的规定		施工单位检查记录		监理（建设）单位验收记录
主控项目	1	回填土质、含水率	设计要求			
	2	回填工艺	设计要求			
	3	分层压实密度	设计要求			
一般项目	1	基坑顶面标高/mm	－50			
	2	分层厚度	符合设计要求			
	3	表面平整度/mm	20			
施工单位检查结果	专业工长（施工员）		施工班组长			
	项目专业质量检查员： 年　月　日					
监理（建设）单位验收结论	专业监理工程师： （建设单位项目专业技术负责人）： 年　月　日					

模板安装检验批质量验收记录表

编号：

单位工程名称					分部工程名称			
分项工程名称						验收部位		
施工单位						项目经理		
施工执行标准名称及编号								

		施工质量验收标准的规定			施工单位检查记录	监理（建设）单位验收记录
主控项目	1	模板支撑、立柱位置和垫板		设计要求		
	2	避免隔离剂沾污		设计要求		
一般项目	1	模板安装的一般要求		设计要求		
	2	用作模板的地坪、胎模质量		设计要求		
	3	模板起拱高度		设计要求		
	4	预埋件及预留孔、洞允许偏差	预埋钢板中心线位置 /mm		3	
			预埋管、预留孔中心线位置		3	
			插筋	中心线位置 /mm	5	
				外露长度 /mm	+10，0	
			预埋螺栓	中心线位置 /mm	2	
				外露长度 /mm	+10，0	
			预留洞	中心线位置 /mm	10	
				尺寸 /mm	+10，0	
	5	模板安装允许偏差	轴线位置 /mm		5	
			底模上表面标高 /mm		±5	
			截面内部尺寸 /mm	基础	±10	
				柱、墙、梁	+4，−5	
			层高垂直度	不大于 5 m	6	
				大于 5 m	8	
			相邻两板表面高低差 /mm		2	
			表面平整度 /mm		5	

施工单位检查结果	专业工长（施工员）： 施工班组长： 项目专业质量检查员： 年 月 日
监理（建设）单位验收结论	专业监理工程师： （建设单位项目专业技术负责人）： 年 月 日

模板拆除检验批质量验收记录表

编号	

单位工程名称		分部工程名称	
分项工程名称		验收部位	
施工单位		项目经理	
施工执行标准名称及编号			

		施工质量验收标准的规定		施工单位检查记录	监理（建设）单位验收记录
主控项目	1	底模及其支架拆除时的混凝土强度	设计要求		
	2	后浇带拆模和支顶	设计要求		
一般项目	1	侧模拆除时的混凝土强度	设计要求		
	2	模板运输、堆放和清运	设计要求		

施工单位检查结果	专业工长（施工员）		施工班组长	
	项目专业质量检查员：			年　月　日
监理（建设）单位验收结论	专业监理工程师： （建设单位项目专业技术负责人）：			年　月　日

钢筋加工检验批质量验收记录表

编号	

单位工程名称		分部工程名称	
分项工程名称		验收部位	
施工单位		项目经理	
施工执行标准名称及编号			

		施工质量验收标准的规定		施工单位检查记录	监理（建设）单位验收记录
主控项目	1	力学性能检验	设计要求		
	2	抗震结构钢筋强度实测值	设计要求		
	3	化学成分或其他专项检验	设计要求		
	4	受力钢筋的弯钩和弯折	设计要求		
	5	箍筋弯钩形式	设计要求		
一般项目	1	钢筋外观质量		设计要求	
	2	钢筋调直		设计要求	
	3	钢筋加工允许偏差/mm	受力钢筋顺长度方向全长的净尺寸	±10	
			弯起钢筋的弯折位置	±20	
			箍筋内净尺寸	±5	

施工单位检查结果	专业工长（施工员）		施工班组长	
	项目专业质量检查员：			年 月 日

监理（建设）单位验收结论	专业监理工程师： （建设单位项目专业技术负责人）：			年 月 日

·82·

钢筋安装检验批质量验收记录表

编号		

单位工程名称		分部工程名称	
分项工程名称		验收部位	
施工单位		项目经理	
施工执行标准名称及编号			

		施工质量验收标准的规定			施工单位检查记录	监理（建设）单位验收记录
主控项目	1	纵向钢筋的连接方式		设计要求		
	2	机械连接和焊接接头的力学性能		设计要求		
	3	受力钢筋的品种、级别、规格和数量		设计要求		
一般项目	1	接头的位置和数量		设计要求		
	2	机械连接、焊接的外观质量		设计要求		
	3	机械连接、焊接的接头面积百分率		设计要求		
	4	绑扎搭接接头面积百分率和搭接长度		设计要求		
	5	搭接长度范围内的箍筋		设计要求		
	6	钢筋安装允许偏差	绑扎钢筋网	长、宽/mm	±10	
				网眼尺寸/mm	±20	
			绑扎钢筋骨架	长/mm	±10	
				宽、高/mm	±5	
			受力钢筋	间距/mm	±10	
				排距/mm	±5	
				保护层厚度/mm 基础	±10	
				保护层厚度/mm 柱、梁	±5	
				保护层厚度/mm 板、墙、壳	±3	
			绑扎钢筋、横向钢筋间距/mm		±20	
			钢筋弯起点位置/mm		20	
			预埋件	中心线位置/mm	5	
				水平高差/mm	+3, 0	

施工单位检查结果	专业工长（施工员）		施工班组长	
	项目专业质量检查员：			年 月 日

监理（建设）单位验收结论	专业监理工程师： （建设单位项目专业技术负责人）：			年 月 日

混凝土原材料及配合比设计检验批质量验收记录表			编号	
单位工程名称		分部工程名称		
分项工程名称		验收部位		
施工单位		项目经理		
施工执行标准名称及编号				

		施工质量验收标准的规定		施工单位检查记录	监理（建设）单位验收记录
主控项目	1	水泥进场检验	设计要求		
	2	外加剂质量及应用	设计要求		
	3	混凝土中氯化物、碱的总含量控制	设计要求		
	4	配合比设计	设计要求		
一般项目	1	矿物掺合料质量及掺量	设计要求		
	2	粗细骨料的质量	设计要求		
	3	拌制混凝土用水	设计要求		
	4	开盘鉴定	设计要求		
	5	依砂、石含水率调整配合比	设计要求		

施工单位检查结果	专业工长（施工员）		施工班组长	
	项目专业质量检查员：			年　月　日
监理（建设）单位验收结论	专业监理工程师： （建设单位项目专业技术负责人）：			年　月　日

混凝土施工检验批质量验收记录表

编号	

单位工程名称		分部工程名称	
分项工程名称		验收部位	
施工单位		项目经理	
施工执行标准名称及编号			

		施工质量验收标准的规定		施工单位检查记录	监理（建设）单位验收记录
主控项目	1	混凝土强度等级及试件的取样和留置	设计要求		
	2	混凝土抗渗试件取样和留置	设计要求		
	3	原材料每盘称量的偏差	设计要求		
	4	初凝时间控制	设计要求		
一般项目	1	施工缝的位置和处理	设计要求		
	2	后浇带的位置和浇筑	设计要求		
	3	混凝土养护	设计要求		

施工单位检查结果	专业工长（施工员）		施工班组长	
	项目专业质量检查员：			年　月　日

监理（建设）单位验收结论	专业监理工程师： （建设单位项目专业技术负责人）：	年　月　日

现浇结构外观及尺寸偏差检验批质量验收记录表

编号	
单位工程名称		分部工程名称	
分项工程名称		验收部位	
施工单位		项目经理	
施工执行标准名称及编号			

		施工质量验收标准的规定			施工单位检查记录	监理（建设）单位验收记录
主控项目	1	外观质量		设计要求		
	2	尺寸偏差及处理		设计要求		
一般项目	现浇结构尺寸允许偏差	外观质量		设计要求		
		轴线位置 /mm	基础	15		
			独立基础	10		
			墙、柱、梁	8		
			剪力墙	5		
		垂直度 /mm	层高 ≤5 m	6		
			层高 >5 m	8		
			全高	$H/1000$ 且 ≤30		
		标高 /mm	层高	±10		
			全高	±30		
		截面尺寸		+8，−5		
		电梯井	井筒长、宽对定位中心线 /mm	+25，0		
			井筒全高（H）垂直度 /mm	$H/1000$ 且 ≤30		
		表面平整度 /mm		8		
		预埋设施中心线位置 /mm	预埋件	10		
			预埋螺栓	5		
			预埋管	5		
		预留洞中心线位置 /mm		15		

施工单位检查结果	专业工长（施工员）		施工班组长		
	项目专业质量检查员：			年 月 日	
监理（建设）单位验收结论	专业监理工程师： （建设单位项目专业技术负责人）：			年 月 日	

混凝土设备基础外观及尺寸偏差检验批质量验收记录表

			编号	

单位工程名称		分部工程名称	
分项工程名称		验收部位	
施工单位		项目经理	
施工执行标准名称及编号			

		施工质量验收标准的规定			施工单位检查记录	监理（建设）单位验收记录
主控项目	1	外观质量		设计要求		
	2	尺寸偏差及处理		设计要求		
一般项目	1	外观质量		设计要求		
	2	坐标位置 /mm		20		
	3	不同平面的标高 /mm		0，−20		
	4	平面外形尺寸 /mm		±20		
	5	凸台上平面外形尺寸 /mm		0，−20		
	6	凹穴尺寸 /mm		+20，0		
	7	平面水平度	每米 /mm	5		
			全长 /mm	10		
	8	垂直度	每米 /mm	5		
			全高 /mm	10		
	9	预埋地脚螺栓	标高（顶部）/mm	+20，0		
			中心距 /mm	±2		
	10	预埋地脚螺栓孔	中心线位置 /mm	10		
			深度 /mm	+20，0		
			孔垂直度 /mm	10		
	11	预埋活动地脚螺栓锚板	标高 /mm	+20，0		
			中心线位置 /mm	5		
			带槽锚板平整度 /mm	5		
			带螺纹孔锚板平整度 /mm	2		

施工单位检查结果	专业工长（施工员）	施工班组长	
	项目专业质量检查员：		年 月 日
监理（建设）单位验收结论	专业监理工程师： （建设单位项目专业技术负责人）：		年 月 日

施工缝、变形缝、后浇带检验批质量验收记录表				编号	
单位工程名称				分部工程名称	
分项工程名称				验收部位	
施工单位				项目经理	
分包单位				分包项目经理	
施工执行标准名称及编号					
		施工质量验收标准的规定		施工单位检查记录	监理（建设）单位验收记录
主控项目	1	形式、位置、尺寸	设计要求		
	2	原材料	设计要求		
	3	细部构造的防水	设计要求		
	4				
一般项目	1	外观质量	设计要求		
	2				
	3				
	4				
施工单位检查结果	专业工长（施工员）		施工班组长		
	项目专业质量检查员：			年 月 日	
监理（建设）单位验收结论	专业监理工程师： （建设单位项目专业技术负责人）：			年 月 日	

附表 2　盖挖车站工程检验批质量验收记录表

<table>
<tr><td colspan="4" align="center">土方开挖检验批质量验收记录表</td><td>编号</td><td></td></tr>
<tr><td colspan="3">单位工程名称</td><td></td><td>分部工程名称</td><td></td></tr>
<tr><td colspan="3">分项工程名称</td><td></td><td>验收部位</td><td></td></tr>
<tr><td colspan="3">施工单位</td><td></td><td>项目经理</td><td></td></tr>
<tr><td colspan="3">分包单位</td><td></td><td>分包项目经理</td><td></td></tr>
<tr><td colspan="3">施工执行标准名称及编号</td><td colspan="3"></td></tr>
<tr><td colspan="4" align="center">施工质量验收标准的规定</td><td>施工单位检查记录</td><td>监理（建设）单位验收记录</td></tr>
<tr><td rowspan="3">主控项目</td><td>1</td><td>长度/mm</td><td>+200，-50</td><td></td><td></td></tr>
<tr><td>2</td><td>施工</td><td>设计要求</td><td></td><td></td></tr>
<tr><td>3</td><td>基底验收</td><td>设计要求</td><td></td><td></td></tr>
<tr><td rowspan="4">一般项目</td><td rowspan="2">顶、中、底板土方</td><td>基底高程/mm</td><td>+10，0</td><td></td><td></td></tr>
<tr><td>平整度/mm</td><td>10</td><td></td><td></td></tr>
<tr><td rowspan="2">其他部位土方</td><td>基底高程/mm</td><td>+10，-20</td><td></td><td></td></tr>
<tr><td>平整度/mm</td><td>20</td><td></td><td></td></tr>
<tr><td rowspan="2">施工单位检查结果</td><td colspan="3" align="center">专业工长（施工员）</td><td colspan="2" align="center">施工班组长</td></tr>
<tr><td colspan="5">项目专业质量检查员：　　　　　　　　　　　　　年　月　日</td></tr>
<tr><td>监理（建设）单位验收结论</td><td colspan="5">专业监理工程师：
（建设单位项目专业技术负责人）：　　　　　　　年　月　日</td></tr>
</table>

钢筋混凝土柱钢筋笼制作检验批质量验收记录表

编号	

单位工程名称		分部工程名称	
分项工程名称		验收部位	
施工单位		项目经理	
施工执行标准名称及编号			

		施工质量验收标准的规定		施工单位检查记录	监理(建设)单位验收记录
主控项目	1	纵向受力钢筋的连接方式	设计要求		
	2	机械连接和焊接接头的力学性质	设计要求		
	3	受力钢筋的品种、级别、规格和数量	设计要求		
一般项目	1	接头位置和数量	设计要求		
	2	机械连接、焊接的外观质量	设计要求		
	3	机械连接、焊接的接头面积百分率	设计要求		
	4	绑扎搭接接头面积百分率和搭接长度	设计要求		
	5	搭接长度范围内的箍筋	设计要求		
	6	主筋间距/mm	10		
		箍筋间距/mm	20		
	8	钢筋直径/mm	10		
	9	长度/mm	25		
	10	保护层厚度/mm	5		
	11	预埋件位置/mm	5		

施工单位检查结果	专业工长(施工员)		施工班组长	
	项目专业质量检查员:			年 月 日

监理(建设)单位验收结论	专业监理工程师: (建设单位项目专业技术负责人):			年 月 日

钢筋混凝土柱模板工程检验批质量验收记录表

编号	

单位工程名称		分部工程名称	
分项工程名称		验收部位	
施工单位		项目经理	
施工执行标准名称及编号			

		施工质量验收标准的规定		施工单位检查记录	监理（建设）单位验收记录
主控项目	1	模板支立施工	设计要求		
	2	隔离剂	设计要求		
	3	模板拆除	设计要求		
一般项目	1	平面位置	顺线路方向 /mm	20	
			垂直线路方向 /mm	10	
	2	垂直度 /‰		1	

	专业工长（施工员）		施工班组长	
施工单位检查结果	项目专业质量检查员：			年 月 日
监理（建设）单位验收结论	专业监理工程师： （建设单位项目专业技术负责人）：			年 月 日

· 91 ·

混凝土施工检验批质量验收记录表

				编号	
单位工程名称			分部工程名称		
分项工程名称			验收部位		
施工单位			项目经理		
施工执行标准名称及编号					
		施工质量验收标准的规定		施工单位检查记录	监理（建设）单位验收记录
主控项目	1	混凝土强度等级及试件的取样和留置	设计要求		
	2	混凝土抗渗及试件的取样和留置	设计要求		
	3	原材料每盘称量的偏差	设计要求		
	4	初凝时间控制	设计要求		
	5	采用商品混凝土一般要求	设计要求		
	6	顶板、中板、地下连续墙、支承柱结合处的处理	设计要求		
一般项目	1	施工缝的位置和处理	设计要求		
	2	后浇带的位置和浇注	设计要求		
	3	混凝土养护	设计要求		
	4	拆模温度	设计要求		
施工单位检查结果	专业工长（施工员） 施工班组长 项目专业质量检查员： 年 月 日				
监理（建设）单位验收结论	专业监理工程师： （建设单位项目专业技术负责人）： 年 月 日				

顶、中板土模检验批质量验收记录表

编号	

单位工程名称		分部工程名称	
分项工程名称		验收部位	
施工单位		项目经理	
施工执行标准名称及编号			

		施工质量验收标准的规定		施工单位检查记录	监理（建设）单位验收记录
主控项目	1	铺设钢模板	设计要求		
	2	水泥砂浆找平层	设计要求		
	3	隔离剂	设计要求		
	4	土模拆除	设计要求		
一般项目	1	设计高程加预留沉落量/mm	+10 0		
	2	中线/mm	10		
	3	宽度/mm	+15 -10		
	4	表面平整度/mm	3		
	5	侧板垂直度	1/300		

施工单位检查结果	专业工长（施工员）		施工班组长	
	项目专业质量检查员：			年 月 日

监理（建设）单位验收结论	专业监理工程师： （建设单位项目专业技术负责人）：	年 月 日

钢筋安装检验批质量验收记录表

编号	

单位工程名称		分部工程名称	
分项工程名称		验收部位	
施工单位		项目经理	
施工执行标准名称及编号			

		施工质量验收标准的规定			施工单位检查记录	监理(建设)单位验收记录
主控项目	1	纵向受力钢筋的连接方式			设计要求	
	2	机械连接和焊接接头的力学性质			设计要求	
	3	受力钢筋的品种、级别、规格和数量			设计要求	
	4	交叉点钢筋连接			设计要求	
一般项目	1	接头位置和数量			设计要求	
	2	机械连接、焊接的外观质量			设计要求	
	3	机械连接、焊接的接头面积百分率			设计要求	
	4	绑扎搭接接头面积百分率和搭接长度			设计要求	
	5	搭接长度范围内的箍筋			设计要求	
	6	钢筋安装允许偏差	绑扎钢筋网	长、宽/mm	10	
				网眼尺寸/mm	20	
			绑扎钢筋骨架	长/mm	10	
				宽、高/mm	5	
			受力钢筋	间距/mm	10	
				排距/mm	5	
				保护层厚度/mm 基础	10	
				保护层厚度/mm 柱、梁	5	
				保护层厚度/mm 板墙壳	3	
			绑扎钢筋、横向钢筋间距/mm		20	
			钢筋弯起点位置/mm		20	
			预埋件	中心线位置/mm	5	
				水平高差	+3,0	

施工单位检查结果	专业工长(施工员)		施工班组长	
	项目专业质量检查员:			年 月 日

监理(建设)单位验收结论	专业监理工程师: (建设单位项目专业技术负责人) :			年 月 日

模板安装检验批质量验收记录表

编号

单位工程名称					分部工程名称		
分项工程名称					验收部位		
施工单位					项目经理		
施工执行标准名称及编号							

		施工质量验收标准的规定			施工单位检查记录	监理（建设）单位验收记录
主控项目	1	模板支撑、立柱位置和垫板		设计要求		
	2	避免隔离剂沾污		设计要求		
一般项目	1	模板安装的一般要求		设计要求		
	2	用作模板的地坪、胎模质量		设计要求		
	3	模板起拱高度		设计要求		
	4	预埋件、预留孔影响偏差	预埋钢板中心线位置/mm	3		
			预埋管、预留孔中心线位置/mm	3		
			插筋 中心线位置/mm	5		
			插筋 外露长度/mm	+10，0		
			预埋螺栓 中心线位置/mm	2		
			预埋螺栓 外露长度/mm	+10，0		
			预留洞 中心线位置/mm	10		
			预留洞 尺寸/mm	+10，0		
	5	模板安装允许偏差	轴线位置/mm	5		
			底模上表面标高/mm	5		
			截面内部尺寸/mm 基础	10		
			截面内部尺寸/mm 柱、墙、梁	+4，−5		
			层高垂直度/mm 不大于5 m	6		
			层高垂直度/mm 大于5 m	8		
			相邻两板表面高低差/mm	2		
			表面平整度/mm	5		

施工单位检查结果	专业工长（施工员） 施工班组长 项目专业质量检查员： 年 月 日
监理（建设）单位验收结论	专业监理工程师： （建设单位项目专业技术负责人）： 年 月 日

模板拆除检验批质量验收记录表				编号	
单位工程名称			分部工程名称		
分项工程名称				验收部位	
施工单位				项目经理	
施工执行标准名称及编号					
施工质量验收标准的规定				施工单位检查记录	监理（建设）单位验收记录
主控项目	1	底模及其支架拆除时的混凝土强度	设计要求		
	2	后浇带拆模和支顶	设计要求		
一般项目	1	避免拆模损伤	设计要求		
	2	模板拆除、堆放和清运	设计要求		
施工单位检查结果		专业工长（施工员）		施工班组长	
		项目专业质量检查员：			年　月　日
监理（建设）单位验收结论		专业监理工程师： （建设单位项目专业技术负责人）：			年　月　日

附表3 暗挖车站工程检验批质量验收记录表

管棚检验批质量验收记录表				编号	
单位工程名称			分部工程名称		
分项工程名称				验收部位	
施工单位				项目经理	
分包单位				分包项目经理	
施工执行标准名称及编号					
\	\	施工质量验收标准的规定		施工单位检查记录	监理（建设）单位验收记录
主控项目	1	钢管原材料	设计要求		
	2	钢管品种、级别、规格和数量	设计要求		
	3	管棚搭接长度	设计要求		
一般项目	1	外插角/（°）	1		
	2	孔位/mm	±50		
	3	孔径/mm	比钢管直径大30～40		
	4	孔深/mm	±30		
	5	浆液强度、配合比	设计要求		
施工单位检查结果		专业工长（施工员）		施工班组长	
		项目专业质量检查员：			年　月　日
监理（建设）单位验收结论		专业监理工程师： （建设单位项目专业技术负责人）：			年　月　日

超前小导管检验批质量验收记录表

编号	

单位工程名称		分部工程名称	
分项工程名称		验收部位	
施工单位		项目经理	
分包单位		分包项目经理	
施工执行标准名称及编号			

		施工质量验收标准的规定		施工单位检查记录	监理（建设）单位验收记录
主控项目	1	钢管原材料	设计要求		
	2	钢管品种、级别、规格和数量	设计要求		
	3	超前小导管纵向搭接长度	设计要求		
一般项目	1	外插角/(°)	1		
	2	孔距/mm	±15		
	3	孔深/mm	+25 0		
	4	浆液强度、配合比	设计要求		

施工单位检查结果	专业工长（施工员）		施工班组长	
	项目专业质量检查员：			年 月 日

监理（建设）单位验收结论	专业监理工程师： （建设单位项目专业技术负责人）：			年 月 日

地层注浆加固检验批质量验收记录表				编号	
单位工程名称			分部工程名称		
分项工程名称			验收部位		
施工单位			项目经理		
分包单位			分包项目经理		
施工执行标准名称及编号					
		施工质量验收标准的规定	施工单位检查记录		监理（建设）单位验收记录
主控项目	1	注浆材料	设计要求		
	2	配合比	设计要求		
	3	注浆效果	设计要求		
一般项目	1	注浆孔的数量	设计要求		
	2	注浆孔的布置	设计要求		
	3	注浆孔的孔深	设计要求		
施工单位检查结果	专业工长（施工员）		施工班组长		
	项目专业质量检查员：			年 月 日	
监理（建设）单位验收结论	专业监理工程师： （建设单位项目专业技术负责人）：			年 月 日	

土方开挖检验批质量验收记录表

				编号	
单位工程名称			分部工程名称		
分项工程名称			验收部位		
施工单位			项目经理		
分包单位			分包项目经理		
施工执行标准名称及编号					

		施工质量验收标准的规定			施工单位检查记录	监理（建设）单位验收记录
主控项目	1	中线、高程		设计要求		
	2	严禁欠挖		设计要求		
	3	边墙基础及隧底地质情况		设计要求		
	4	隧底加固处理		设计要求		
	5	贯通误差	平面/mm	±30	$\Delta X=$ $\Delta Y=$	
			高程/mm	±20	$\Delta H=$	
一般项目	1	超挖值	拱部	设计要求		
			边墙及仰拱	设计要求		
	2	超挖或小塌方回填		设计要求		

施工单位检查结果	专业工长（施工员） 施工班组长 项目专业质量检查员：　　　　　　　　　　年　月　日
监理（建设）单位验收结论	专业监理工程师： （建设单位项目专业技术负责人）：　　　　年　月　日

· 100 ·

喷射混凝土检验批质量验收记录表（一）

编号	

单位工程名称		分部工程名称	
分项工程名称		验收部位	
施工单位		项目经理	
分包单位		分包项目经理	
施工执行标准名称及编号			

		施工质量验收标准的规定		施工单位检查记录	监理（建设）单位验收记录
主控项目	1	水泥	设计要求		
	2	细骨料	设计要求		
	3	粗骨料	设计要求		
	4	外加剂	设计要求		
	5	水	设计要求		
	6	配合比	设计要求		

施工单位检查结果	专业工长（施工员）		施工班组长	
	项目专业质量检查员：			年　月　日

监理（建设）单位验收结论	专业监理工程师： （建设单位项目专业技术负责人）：			年　月　日

喷射混凝土检验批质量验收记录表（二）

编号	

单位工程名称		分部工程名称	
分项工程名称		验收部位	
施工单位		项目经理	
分包单位		分包项目经理	
施工执行标准名称及编号			

		施工质量验收标准的规定		施工单位检查记录	监理（建设）单位验收记录
主控项目	1	混凝土强度	设计要求		
	2	混凝土厚度	设计要求		
	3	混凝土养护	设计要求		
一般项目	1	喷射方式	设计要求		
	2	湿喷混凝土坍落度	设计要求		
	3	每盘称重偏差	设计要求		
	4	表面平整度/mm	≤15且矢弦比小于1/6		

施工单位检查结果	专业工长（施工员）		施工班组长	
	项目专业质量检查员：			年　月　日

监理（建设）单位验收结论	专业监理工程师： （建设单位项目专业技术负责人）：	年　月　日

锁脚锚管检验批质量验收记录表

编号	

单位工程名称		分部工程名称	
分项工程名称		验收部位	
施工单位		项目经理	
分包单位		分包项目经理	
施工执行标准名称及编号			

		施工质量验收标准的规定		施工单位检查记录	监理(建设)单位验收记录
主控项目	1	原材料	设计要求		
	2	半成品、成品锚杆类型、规格、性能	设计要求		
	3	安装数量	设计要求		
	4	砂浆强度、配合比	设计要求		
	5	锚管孔内灌注砂浆	饱满密实		
一般项目	1	锚管与格栅连接、打设方向和时机	符合设计要求		
	2	锚管安装允许偏差/mm	锚管孔位 ±15		
			锚管孔深 ±25		
	3	锚管外观	设计要求		

施工单位检查结果	专业工长(施工员) 施工班组长 项目专业质量检查员: 年 月 日
监理(建设)单位验收结论	专业监理工程师: (建设单位项目专业技术负责人): 年 月 日

钢筋网检验批质量验收记录表

编号	

单位工程名称		分部工程名称	
分项工程名称		验收部位	
施工单位		项目经理	
分包单位		分包项目经理	
施工执行标准名称及编号			

		施工质量验收标准的规定		施工单位检查记录	监理（建设）单位验收记录
主控项目	1	原材料	设计要求		
	2	钢筋的品种、规格、性能	设计要求		
	3	钢筋网的制作	设计要求		
一般项目	1	网格尺寸允许偏差/mm	±10		
	2	搭接长度允许偏差/mm	2个网孔 ±25		

施工单位检查结果	专业工长（施工员）： 施工班组长： 项目专业质量检查员： 年 月 日
监理（建设）单位验收结论	专业监理工程师： （建设单位项目专业技术负责人）： 年 月 日

· 104 ·

钢架检验批质量验收记录表

编号	

单位工程名称		分部工程名称	
分项工程名称		验收部位	
施工单位		项目经理	
分包单位		分包项目经理	
施工执行标准名称及编号			

		施工质量验收标准的规定		施工单位检查记录	监理（建设）单位验收记录
主控项目	1	原材料	设计要求		
	2	钢材的品种、级别、规格、数量	设计要求		
	3	钢架的弯制	设计要求		
	4	接头连接、纵向拉杆	设计要求		
	5	钢架与围岩密贴情况	设计要求		
一般项目	1	钢架纵向偏差 /mm	±30		
	2	钢架横向偏差 /mm	±20		
	3	高程偏差 /mm	±15		
	4	垂直度偏差 /‰	5		
	5	保护层厚度偏差 /mm	－5		

施工单位检查结果	专业工长（施工员）		施工班组长	
	项目专业质量检查员：		年 月 日	

监理（建设）单位 验收结论	专业监理工程师： （建设单位项目专业技术负责人）：	年 月 日

初期支护背后充填注浆检验批质量验收记录表

编号	

单位工程名称		分部工程名称	
分项工程名称		验收部位	
施工单位		项目经理	
分包单位		分包项目经理	
施工执行标准名称及编号			

		施工质量验收标准的规定		施工单位检查记录	监理（建设）单位验收记录
主控项目	1	注浆材料	设计要求		
	2	配合比	设计要求		
	3	背后注浆	回填密实		
一般项目	1	注浆压力、注浆量	设计要求		
	2	注浆孔的数量、布置、间距、孔深	设计要求		
	3	注浆的范围	设计要求		
	4	注浆的时间	初支达设计强度后		

施工单位检查结果	专业工长（施工员）： 施工班组长： 项目专业质量检查员： 年 月 日
监理（建设）单位验收结论	专业监理工程师： （建设单位项目专业技术负责人）： 年 月 日

模板安装检验批质量验收记录表

单位工程名称					分部工程名称		
分项工程名称					验收部位		
施工单位					项目经理		
施工执行标准名称及编号							

编号：

		施工质量验收标准的规定			施工单位检查记录	监理（建设）单位验收记录
主控项目	1	模板支撑、立柱位置和垫板		设计要求		
	2	避免隔离剂沾污		设计要求		
一般项目	1	模板安装的一般要求		设计要求		
	2	用作模板的地坪、胎模质量		设计要求		
	3	模板起拱高度		设计要求		
	4	预埋件及预留孔、洞允许偏差	预埋钢板中心线位置 /mm		3	
			预埋管、预留孔中心线位置		3	
			插筋	中心线位置 /mm	5	
				外露长度 /mm	+10，0	
			预埋螺栓	中心线位置 /mm	2	
				外露长度 /mm	+10，0	
			预留洞	中心线位置 /mm	10	
				尺寸 /mm	+10，0	
	5	模板安装允许偏差	轴线位置 /mm		5	
			底模上表面标高 /mm		±5	
			截面内部尺寸 /mm	基础	±10	
				柱、墙、梁	+4，−5	
			层高垂直度	不大于 5 m	6	
				大于 5 m	8	
			相邻两板表面高低差 /mm		2	
			表面平整度 /mm		5	

施工单位检查结果	专业工长（施工员）： 施工班组长： 项目专业质量检查员： 年 月 日
监理（建设）单位验收结论	专业监理工程师： （建设单位项目专业技术负责人）： 年 月 日

模板拆除检验批质量验收记录表						编号	
单位工程名称					分部工程名称		
分项工程名称					验收部位		
施工单位					项目经理		
施工执行标准名称及编号							
施工质量验收标准的规定					施工单位检查记录		监理（建设）单位验收记录
主控项目	1	底模及其支架拆除时的混凝土强度			设计要求		
	2	后浇带拆模和支顶			设计要求		
一般项目	1	侧模拆除时的混凝土强度			设计要求		
	2	模板运输、堆放和清运			设计要求		
		专业工长（施工员）				施工班组长	
施工单位检查结果	项目专业质量检查员：　　　　　　　　　　　　　　年　月　日						
监理（建设）单位验收结论	专业监理工程师： （建设单位项目专业技术负责人）：　　　　　　　　　年　月　日						

钢筋加工检验批质量验收记录表

编号	

单位工程名称		分部工程名称	
分项工程名称		验收部位	
施工单位		项目经理	
施工执行标准名称及编号			

		施工质量验收标准的规定		施工单位检查记录	监理（建设）单位验收记录
主控项目	1	力学性能检验	设计要求		
	2	抗震结构钢筋强度实测值	设计要求		
	3	化学成分或其他专项检验	设计要求		
	4	受力钢筋的弯钩和弯折	设计要求		
	5	箍筋弯钩形式	设计要求		
一般项目	1	钢筋外观质量	设计要求		
	2	钢筋调直	设计要求		
	3	钢筋加工允许偏差/mm	受力钢筋顺长度方向全长的净尺寸	±10		
			弯起钢筋的弯折位置	±20		
			箍筋内净尺寸	±5		

施工单位检查结果	专业工长（施工员）		施工班组长	
	项目专业质量检查员：			年 月 日

监理（建设）单位验收结论	专业监理工程师： （建设单位项目专业技术负责人）：			年 月 日

城市轨道交通建设工程质量验收手册

钢筋安装检验批质量验收记录表

编号		

单位工程名称		分部工程名称	
分项工程名称		验收部位	
施工单位		项目经理	
施工执行标准名称及编号			

		施工质量验收标准的规定			施工单位检查记录	监理（建设）单位验收记录
主控项目	1	纵向钢筋的连接方式		设计要求		
	2	机械连接和焊接接头的力学性能		设计要求		
	3	受力钢筋的品种、级别、规格和数量		设计要求		
一般项目	1	接头的位置和数量		设计要求		
	2	机械连接、焊接的外观质量		设计要求		
	3	机械连接、焊接的接头面积百分率		设计要求		
	4	绑扎搭接接头面积百分率和搭接长度		设计要求		
	5	搭接长度范围内的箍筋		设计要求		
	6 钢筋安装允许偏差	绑扎钢筋网	长、宽/mm	±10		
			网眼尺寸/mm	±20		
		绑扎钢筋骨架	长/mm	±10		
			宽、高/mm	±5		
		受力钢筋	间距/mm	±10		
			排距/mm	±5		
			保护层厚度/mm 基础	±10		
			保护层厚度/mm 柱、梁	±5		
			保护层厚度/mm 板、墙、壳	±3		
		绑扎钢筋、横向钢筋间距/mm		±20		
		钢筋弯起点位置/mm		20		
		预埋件	中心线位置/mm	5		
			水平高差/mm	+3,0		

施工单位检查结果	专业工长（施工员）		施工班组长	
	项目专业质量检查员：			年 月 日

监理（建设）单位验收结论	专业监理工程师： （建设单位项目专业技术负责人）：	年 月 日

110

混凝土原材料及配合比设计检验批质量验收记录表

编号	

单位工程名称		分部工程名称	
分项工程名称		验收部位	
施工单位		项目经理	
施工执行标准名称及编号			

		施工质量验收标准的规定		施工单位检查记录	监理（建设）单位验收记录
主控项目	1	水泥进场检验	设计要求		
	2	外加剂质量及应用	设计要求		
	3	混凝土中氯化物、碱的总含量控制	设计要求		
	4	配合比设计	设计要求		
一般项目	1	矿物掺合料质量及掺量	设计要求		
	2	粗细骨料的质量	设计要求		
	3	拌制混凝土用水	设计要求		
	4	开盘鉴定	设计要求		
	5	依砂、石含水率调整配合比	设计要求		

施工单位检查结果	专业工长（施工员）		施工班组长	
	项目专业质量检查员：			年 月 日

监理（建设）单位验收结论	专业监理工程师： （建设单位项目专业技术负责人）：	年 月 日

混凝土施工检验批质量验收记录表

编号	

单位工程名称		分部工程名称	
分项工程名称		验收部位	
施工单位		项目经理	
施工执行标准名称及编号			

		施工质量验收标准的规定	施工单位检查记录	监理（建设）单位验收记录
主控项目	1	混凝土强度等级及试件的取样和留置	设计要求	
	2	混凝土抗渗试件取样和留置	设计要求	
	3	原材料每盘称量的偏差	设计要求	
	4	初凝时间控制	设计要求	
一般项目	1	施工缝的位置和处理	设计要求	
	2	后浇带的位置和浇筑	设计要求	
	3	混凝土养护	设计要求	

施工单位检查结果	专业工长（施工员）		施工班组长	
	项目专业质量检查员：			年 月 日

监理（建设）单位验收结论	专业监理工程师： （建设单位项目专业技术负责人）：	年 月 日

现浇结构外观及尺寸偏差检验批质量验收记录表

编号	

单位工程名称			分部工程名称	
分项工程名称			验收部位	
施工单位			项目经理	
施工执行标准名称及编号				

		施工质量验收标准的规定			施工单位检查记录										监理（建设）单位验收记录
主控项目	1	外观质量		设计要求											
	2	尺寸偏差及处理		设计要求											
一般项目	现浇结构尺寸允许偏差	外观质量		设计要求											
		轴线位置 /mm	基础	15											
			独立基础	10											
			墙、柱、梁	8											
			剪力墙	5											
		垂直度	层高 ≤5 m	6											
			层高 >5 m	8											
			全高	H/1 000 且≤30											
		标高 /mm	层高	±10											
			全高	±30											
		截面尺寸		+8，-5											
		电梯井	井筒长、宽对定位中心线 /mm	+25，0											
			井筒全高（H）垂直度 /mm	H/1 000 且≤30											
		表面平整度 /mm		8											
		预埋设施中心线位置 /mm	预埋件	10											
			预埋螺栓	5											
			预埋管	5											
		预留洞中心线位置 /mm		15											

施工单位检查结果	专业工长（施工员）	施工班组长	
	项目专业质量检查员：		年 月 日

监理（建设）单位验收结论	专业监理工程师：		
	（建设单位项目专业技术负责人）：		年 月 日

混凝土设备基础外观及尺寸偏差检验批质量验收记录表

编号		

单位工程名称		分部工程名称	
分项工程名称		验收部位	
施工单位		项目经理	
施工执行标准名称及编号			

		施工质量验收标准的规定			施工单位检查记录	监理（建设）单位验收记录
主控项目	1	外观质量		设计要求		
	2	尺寸偏差及处理		设计要求		
一般项目	1	外观质量		设计要求		
	2	坐标位置 /mm		20		
	3	不同平面的标高 /mm		0，－20		
	4	平面外形尺寸 /mm		±20		
	5	凸台上平面外形尺寸 /mm		0，－20		
	6	凹穴尺寸 /mm		＋20，0		
	7	平面水平度	每米 /mm	5		
			全长 /mm	10		
	8	垂直度	每米 /mm	5		
			全高 /mm	10		
	9	预埋地脚螺栓	标高（顶部）/mm	＋20，0		
			中心距 /mm	±2		
	10	预埋地脚螺栓孔	中心线位置 /mm	10		
			深度 /mm	＋20，0		
			孔垂直度 /mm	10		
	11	预埋活动地脚螺栓锚板	标高 /mm	＋20，0		
			中心线位置 /mm	5		
			带槽锚板平整度 /mm	5		
			带螺纹孔锚板平整度 /mm	2		

施工单位检查结果	专业工长（施工员）		施工班组长		
	项目专业质量检查员：			年 月 日	
监理（建设）单位验收结论	专业监理工程师： （建设单位项目专业技术负责人）：			年 月 日	

施工缝、变形缝、后浇带检验批质量验收记录表

编号	

单位工程名称		分部工程名称	
分项工程名称		验收部位	
施工单位		项目经理	
分包单位		分包项目经理	
施工执行标准名称及编号			

		施工质量验收标准的规定		施工单位检查记录	监理（建设）单位验收记录
主控项目	1	形式、位置、尺寸	设计要求		
	2	原材料	设计要求		
	3	细部构造的防水	设计要求		
	4				
一般项目	1	外观质量	设计要求		
	2				
	3				
	4				

施工单位检查结果	专业工长（施工员）		施工班组长	
	项目专业质量检查员：			年 月 日

监理（建设）单位验收结论	专业监理工程师： （建设单位项目专业技术负责人）：	年 月 日

钢管柱加工制作检验批质量验收记录表

编号	

单位工程名称		分部工程名称	
分项工程名称		验收部位	
施工单位		项目经理	
分包单位		分包项目经理	
施工执行标准名称及编号			

		施工质量验收标准的规定		施工单位检查记录	监理（建设）单位验收记录
主控项目	1	钢管柱的原材料	设计要求		
	2	钢管的制作	设计要求		
一般项目	1	钢管柱加工制作允许偏差	钢管纵向弯曲矢高 /mm	$\leqslant L/1\,000$ 且 $\leqslant 10$ mm	
			管径椭圆度 /mm	$\leqslant 3D/1\,000$	
			管端不平度 /mm	$\leqslant D/1\,500$ 且 $\leqslant 0.3$	
			钢管长度 /mm	$\leqslant \pm 3$	

施工单位检查结果	专业工长（施工员）： 施工班组长：	
	项目专业质量检查员：	年 月 日
监理（建设）单位验收结论	专业监理工程师： （建设单位项目专业技术负责人）：	年 月 日

钢管柱安装检验批质量验收记录表

单位工程名称						分部工程名称		
分项工程名称							验收部位	
施工单位							项目经理	
分包单位							分包项目经理	
施工执行标准名称及编号								

编号：

		施工质量验收标准的规定			施工单位检查记录	监理（建设）单位验收记录
主控项目	1	钢管柱内混凝土浇筑	设计要求			
一般项目	1	定位器安装允许偏差	定位器中心线/mm	不大于2		
			定位器标高/mm	+4 −2		
	2	钢管柱安装允许偏差	管柱不垂直度/mm	L/1 000 且≤15		
			管柱中心线/mm	5		
			管柱顶面标高/mm	+10，0		
			管柱顶面不平度/mm	5		
			钢管柱间距	设计柱距的1/1 000		
施工单位检查结果			专业工长（施工员）		施工班组长	
			项目专业质量检查员：			年 月 日
监理（建设）单位验收结论			专业监理工程师： （建设单位项目专业技术负责人）：			年 月 日

二次衬砌背后充填注浆检验批质量验收记录表

编号	

单位工程名称		分部工程名称	
分项工程名称		验收部位	
施工单位		项目经理	
分包单位		分包项目经理	
施工执行标准名称及编号			

		施工质量验收标准的规定		施工单位检查记录	监理（建设）单位验收记录
主控项目	1	注浆材料	设计要求		
	2	配合比	设计要求		
	3	背后注浆	回填密实		
一般项目	1	注浆压力、注浆量	设计要求		
	2	注浆孔的数量、布置、间距、孔深	设计要求		
	3	注浆的范围	设计要求		
	4	注浆的时间	二衬混凝土达设计强度的70%后		

施工单位检查结果	专业工长（施工员）	施工班组长	
	项目专业质量检查员：		年 月 日
监理（建设）单位验收结论	专业监理工程师： （建设单位项目专业技术负责人）：		年 月 日

监控量测检验批质量验收记录表

编号	

单位工程名称		分部工程名称	
分项工程名称		验收部位	
施工单位		项目经理	
分包单位		分包项目经理	
施工执行标准名称及编号			

		施工质量验收标准的规定		施工单位检查记录							监理（建设）单位验收记录
主控项目	1	监控量测和信息反馈	设计要求								
	2	量测元件的性能	设计要求								
	3	地面隆沉	设计要求								
	4	地面建（构）筑物沉降、倾斜	设计及规范要求								
一般项目	1	量测元件埋设和保护	设计要求								
	2	量测频率、数据处理	设计要求								

施工单位检查结果	专业工长（施工员）		施工班组长	
	项目专业质量检查员：			年　月　日

监理（建设）单位验收结论	专业监理工程师： （建设单位项目专业技术负责人）：	年　月　日

附表 4　高架及地面车站工程检验批质量验收记录表

<table>
<tr><td colspan="5" align="center">灰土地基检验批质量验收记录表</td><td>编号</td><td></td></tr>
<tr><td colspan="2">单位工程名称</td><td colspan="2"></td><td>分部工程名称</td><td colspan="2"></td></tr>
<tr><td colspan="2">分项工程名称</td><td colspan="2"></td><td>验收部位</td><td colspan="2"></td></tr>
<tr><td colspan="2">施工单位</td><td colspan="2"></td><td>项目经理</td><td colspan="2"></td></tr>
<tr><td colspan="2">分包单位</td><td colspan="2"></td><td>分包项目经理</td><td colspan="2"></td></tr>
<tr><td colspan="3">施工执行标准名称及编号</td><td colspan="4"></td></tr>
<tr><td colspan="4" align="center">施工质量验收标准的规定</td><td>施工单位检查记录</td><td>监理（建设）单位验收记录</td></tr>
<tr><td rowspan="3">主控项目</td><td>1</td><td colspan="2">地基承载力</td><td>设计要求</td><td></td><td></td></tr>
<tr><td>2</td><td colspan="2">原材料及配合比</td><td>设计要求</td><td></td><td></td></tr>
<tr><td>3</td><td colspan="2">压实系数</td><td>设计要求</td><td></td><td></td></tr>
<tr><td rowspan="5">一般项目</td><td>1</td><td colspan="2">石灰粒径 /mm</td><td>≤5</td><td></td><td></td></tr>
<tr><td>2</td><td colspan="2">土料有机质含量 /%</td><td>≤5</td><td></td><td></td></tr>
<tr><td>3</td><td colspan="2">土颗粒粒径 /mm</td><td>≤5</td><td></td><td></td></tr>
<tr><td>4</td><td colspan="2">含水量（与要求的最优含水量比较）/%</td><td>±2</td><td></td><td></td></tr>
<tr><td>5</td><td colspan="2">分水厚度偏差（与设计要求比较）/mm</td><td>±50</td><td></td><td></td></tr>
<tr><td colspan="2" rowspan="2">施工单位检查结果</td><td colspan="3" align="center">专业工长（施工员）</td><td colspan="2">施工班组长</td></tr>
<tr><td colspan="5">项目专业质量检查员：</td><td>年　月　日</td></tr>
<tr><td colspan="2" rowspan="2">监理（建设）单位
验收结论</td><td colspan="5">专业监理工程师：
（建设单位项目专业技术负责人）：</td></tr>
<tr><td colspan="4"></td><td>年　月　日</td></tr>
</table>

配筋砌体检验批质量验收记录表

编号	

单位工程名称		分部工程名称	
分项工程名称		验收部位	
施工单位		项目经理	
分包单位		分包项目经理	
施工执行标准名称及编号			

施工质量验收标准的规定			施工单位检查记录	监理（建设）单位验收记录
主控项目	1	钢筋品种、规格、数量	设计要求		
	2	构造柱、圈梁混凝土强度等级	设计要求		
	3	马牙槎及拉结筋	设计要求		
	4	构造柱位置及垂直度允许偏差	设计要求		
一般项目	1	水平灰缝钢筋	设计要求		
	2	灰缝钢筋防腐	设计要求		

施工单位检查结果	专业工长（施工员）		施工班组长	
	项目专业质量检查员：			年 月 日
监理（建设）单位验收结论	专业监理工程师： （建设单位项目专业技术负责人）：			年 月 日

填充墙砌体检验批质量验收记录表

编号		

单位工程名称		分部工程名称	
分项工程名称		验收部位	
施工单位		项目经理	
分包单位		分包项目经理	
施工执行标准名称及编号			

		施工质量验收标准的规定		施工单位检查记录	监理（建设）单位验收记录
主控项目	1	砖、砌块和砌筑砂浆强度等级	设计要求		
一般项目	1	无混砌现象	设计要求		
	2	砂浆饱满度	设计要求		
	3	拉结钢筋或网片位置	设计要求		
	4	错缝搭砌	设计要求		
	5	灰缝厚度、宽度	设计要求		
	6	梁、板底砌法	设计要求		
	砌体尺寸允许偏差	轴线位移 /mm	10		
		垂直度 /mm ≤3 m	5		
		垂直度 /mm >3 m	10		
		表面平整度 /mm	8		
		门窗洞口高、宽（后塞口）/mm	±5		
		外墙上下窗口偏移 /mm	20		

施工单位检查结果	专业工长（施工员）	施工班组长	
	项目专业质量检查员：		年 月 日

监理（建设）单位验收结论	专业监理工程师： （建设单位项目专业技术负责人）：		年 月 日

预应力原材料检验批质量验收记录表

单位工程名称			分部工程名称		
分项工程名称			验收部位		
施工单位			项目经理		
分包单位			分包项目经理		
施工执行标准名称及编号					
		施工质量验收标准的规定		施工单位检查记录	监理（建设）单位验收记录
主控项目	1	预应力筋力学性能检验	设计要求		
	2	无粘结预应力筋的涂包质量	设计要求		
	3	锚具、夹具和连接器的性能	设计要求		
	4	孔道灌浆用水泥和外加剂	设计要求		
一般项目	1	预应力筋外观质量	设计要求		
	2	锚具、夹具和连接器的外观质量	设计要求		
	3	金属螺旋管的尺寸和性能	设计要求		
	4	金属螺旋管的外观质量	设计要求		
施工单位检查结果	专业工长（施工员）		施工班组长		
	项目专业质量检查员：			年　月　日	
监理（建设）单位验收结论	专业监理工程师： （建设单位项目专业技术负责人）：			年　月　日	

预应力制作与安装检验批质量验收记录表

编号	

单位工程名称		分部工程名称	
分项工程名称		验收部位	
施工单位		项目经理	
分包单位		分包项目经理	
施工执行标准名称及编号			

		施工质量验收标准的规定		施工单位检查记录	监理（建设）单位验收记录
主控项目	1	预应力筋品种、级别、规格和数量	设计要求		
	2	避免隔离剂沾污	设计要求		
	3	避免电火花损伤	设计要求		
一般项目	1	预应力筋切断方法和钢丝下料长度	设计要求		
	2	锚具制作质量	设计要求		
	3	预留孔道质量	设计要求		
	4	预应力束形控制	设计要求		
	5	无粘结预应力筋铺设	设计要求		
	6	预应力筋防锈措施	设计要求		

施工单位检查结果	专业工长（施工员）		施工班组长		
	项目专业质量检查员：			年 月 日	
监理（建设）单位验收结论	专业监理工程师： （建设单位项目专业技术负责人）：			年 月 日	

· 124 ·

预应力张拉和放张、灌浆及封锚检验批质量验收记录表

编号	

单位工程名称		分部工程名称	
分项工程名称		验收部位	
施工单位		项目经理	
分包单位		分包项目经理	
施工执行标准名称及编号			

		施工质量验收标准的规定		施工单位检查记录	监理（建设）单位验收记录
主控项目	1	张拉或放张时的混凝土强度	设计要求		
	2	张拉力、张拉或放张顺序及张拉工艺	设计要求		
	3	实际预应力值控制	设计要求		
	4	预应力筋断裂或滑脱	设计要求		
	5	孔道灌浆的一般要求	设计要求		
	6	锚具的封闭保护	设计要求		
一般项目	1	锚固阶段张拉端预应力筋的内缩量	设计要求		
	2	先张法预应力筋张拉后位置	设计要求		
	3	外露预应力筋的切断方法和外露长度	设计要求		
	4	灌浆用水泥浆的水灰比和泌水率	设计要求		
	5	灌浆用水泥浆的抗压强度	设计要求		

施工单位检查结果	专业工长（施工员）		施工班组长	
	项目专业质量检查员：			年 月 日

监理（建设）单位验收结论	专业监理工程师： （建设单位项目专业技术负责人）：	年 月 日

钢结构焊接检验批质量验收记录表

编号	

单位工程名称		分部工程名称	
分项工程名称		验收部位	
施工单位		项目经理	
分包单位		分包项目经理	
施工执行标准名称及编号			

		施工质量验收标准的规定		施工单位检查记录	监理（建设）单位验收记录
主控项目	1	焊接材料	设计要求		
	2	焊工证书	设计要求		
	3	首焊焊接工艺评定	设计要求		
	4	内部缺陷	设计要求		
	5	组合焊缝尺寸	设计要求		
	6	焊缝表面缺陷	设计要求		
	7	焊材工艺评定	设计要求		
	8	焊钉弯曲试验	设计要求		
一般项目	1	预热和后热处理	设计要求		
	2	焊缝外观质量	设计要求		
	3	焊缝尺寸偏差	设计要求		
	4	凹形角焊缝	设计要求		
	5	焊缝感观	设计要求		

施工单位检查结果	专业工长（施工员）		施工班组长	
	项目专业质量检查员：			年 月 日

监理（建设）单位验收结论	专业监理工程师： （建设单位项目专业技术负责人）：			年 月 日

钢结构栓接检验批质量验收记录表

编号	

单位工程名称		分部工程名称	
分项工程名称		验收部位	
施工单位		项目经理	
分包单位		分包项目经理	
施工执行标准名称及编号			

		施工质量验收标准的规定		施工单位检查记录	监理（建设）单位验收记录
主控项目	1	螺栓实物复验	设计要求		
	2	匹配及间距	设计要求		
	3	钢结构制作与安装	设计要求		
	4	高强度螺栓终拧检查	设计要求		
	5	扭剪型高强螺栓检查	设计要求		
一般项目	1	螺栓紧固	设计要求		
	2	螺栓与钢板紧固	设计要求		
	3	连接副施拧	设计要求		
	4	终拧后螺栓丝扣	设计要求		
	5	螺栓连接摩擦面	设计要求		
	6	螺栓孔	设计要求		
	7	螺栓与球节点连接	设计要求		

施工单位检查结果	专业工长（施工员）		施工班组长	
	项目专业质量检查员：			年 月 日

监理（建设）单位验收结论	专业监理工程师： （建设单位项目专业技术负责人）：			年 月 日

钢结构加工制作检验批质量验收记录表

单位工程名称			分部工程名称		编号	
单位工程名称			分部工程名称			
分项工程名称			验收部位			
施工单位			项目经理			
分包单位			分包项目经理			
施工执行标准名称及编号						

		施工质量验收标准的规定		施工单位检查记录	监理（建设）单位验收记录
主控项目	1	钢材品种、规格、质量	设计要求		
	2	钢结构制作安装	设计要求		
	3	切割面或剪切面	设计要求		
	4	螺栓孔径允许偏差	设计要求		
	5	端部铣平允许偏差	设计要求		
	6	吊车梁吊车桁架	不应下挠		
一般项目	1	螺栓连接摩擦面	设计要求		
	2	钢构件质量	设计要求		
	3	钢构件外观	设计要求		
	4	顶紧接触面	设计要求		
	5	螺栓孔外观	设计要求		
	6	钢结构外形尺寸允许偏差	设计要求		
	7	板叠螺栓孔检查	设计要求		
	8	焊接H形钢、各种钢构件允许偏差	设计要求		
	9	螺栓孔距允许偏差	设计要求		
	10	安装焊缝坡口允许偏差	设计要求		
	11	预拼装允许偏差	设计要求		

施工单位检查结果	专业工长（施工员）		施工班组长		
	项目专业质量检查员：			年 月 日	

监理（建设）单位验收结论	专业监理工程师： （建设单位项目专业技术负责人）：			年 月 日

· 128 ·

单层钢结构安装检验批质量验收记录表				编号	
单位工程名称			分部工程名称		
分项工程名称			验收部位		
施工单位			项目经理		
分包单位			分包项目经理		
施工执行标准名称及编号					
		施工质量验收标准的规定		施工单位检查记录	监理（建设）单位验收记录
主控项目	1	建筑物轴线	设计要求		
	2	地脚螺栓位置	设计要求		
	3	座浆垫板	设计要求		
	4	杯口基础	设计要求		
	5	钢构件质量	设计要求		
	6	节点紧贴	设计要求		
	7	梁架垂直度、弯曲矢高	设计要求		
	8	主体结构垂直、弯曲度	设计要求		
一般项目	1	地脚螺栓尺寸偏差	设计要求		
	2	钢柱中心线等标记	设计要求		
	3	混凝土支座中心偏差	设计要求		
	4	钢柱安装允许偏差	设计要求		
	5	受荷载构件允许偏差	设计要求		
	6	次要构件允许偏差	设计要求		
	7	平台、钢梯、栏杆	设计要求		
	8	焊缝组对间隙偏差	设计要求		
	9	钢结构外观	设计要求		
施工单位检查结果		专业工长（施工员）		施工班组长	
		项目专业质量检查员：			年　月　日
监理（建设）单位验收结论		专业监理工程师： （建设单位项目专业技术负责人）：			年　月　日

钢结构涂装检验批质量验收记录表

编号	

单位工程名称		分部工程名称	
分项工程名称		验收部位	
施工单位		项目经理	
分包单位		分包项目经理	
施工执行标准名称及编号			

施工质量验收标准的规定			施工单位检查记录	监理（建设）单位验收记录
主控项目	1	涂料品种、规格、性能	设计要求	
	2	钢材表面除锈要求	设计要求	
	3	涂装遍数、涂层厚度	设计要求	
	4	防火涂料强度	设计要求	
	5	防火涂料涂层厚度	设计要求	
	6	表面裂纹	设计要求	
一般项目	1	涂件质量	设计要求	
	2	附着力测试	设计要求	
	3	标志标记和编号	设计要求	
	4	基层表面	设计要求	
	5	涂层表面质量	设计要求	

施工单位检查结果	专业工长（施工员）		施工班组长		
	项目专业质量检查员：			年 月 日	

监理（建设）单位验收结论	专业监理工程师： （建设单位项目专业技术负责人）	年 月 日

屋面找平层检验批质量验收记录表				编号			
单位工程名称				分部工程名称			
分项工程名称				验收部位			
施工单位				项目经理			
分包单位				分包项目经理			
施工执行标准名称及编号							
施工质量验收标准的规定				施工单位检查记录			监理（建设）单位验收记录
主控项目	1	材料质量及配合比	设计要求				
	2	排水坡度	设计要求				
一般项目	1	交接处和转角处细部处理	设计要求				
	2	表面质量	设计要求				
	3	分格缝位置和间距	设计要求				
	4	表面平整度允许偏差/mm	5				
施工单位检查结果			专业工长（施工员）		施工班组长		
			项目专业质量检查员：			年 月 日	
监理（建设）单位验收结论			专业监理工程师： （建设单位项目专业技术负责人）：			年 月 日	

屋面保温层检验批质量验收记录表

编号	

单位工程名称		分部工程名称	
分项工程名称		验收部位	
施工单位		项目经理	
分包单位		分包项目经理	
施工执行标准名称及编号			

施工质量验收标准的规定				施工单位检查记录	监理（建设）单位验收记录
主控项目	1	材料质量	设计要求		
	2	保温层含水率	设计要求		
一般项目	1	保温层铺设	设计要求		
	2	保温层厚度允许偏差 /%	松散、整体 +10, −5		
			板状 ±5		

施工单位检查结果	专业工长（施工员）		施工班组长	
	项目专业质量检查员：			年 月 日

监理（建设）单位验收结论	专业监理工程师： （建设单位项目专业技术负责人）：	年 月 日

· 132 ·

屋面密封材料嵌缝检验批质量验收记录表

编号	

单位工程名称		分部工程名称	
分项工程名称		验收部位	
施工单位		项目经理	
分包单位		分包项目经理	
施工执行标准名称及编号			

		施工质量验收标准的规定		施工单位检查记录	监理（建设）单位验收记录
主控项目	1	密封材料质量	设计要求		
	2	嵌缝施工质量	设计要求		
一般项目	1	嵌缝基层处理	设计要求		
	2	外观质量	设计要求		
	3	接缝宽度允许偏差/%	±10		

施工单位检查结果	专业工长（施工员）		施工班组长	
	项目专业质量检查员：			年 月 日

监理（建设）单位验收结论	专业监理工程师： （建设单位项目专业技术负责人）：	年 月 日

金属板材屋面检验批质量验收记录表

编号	

单位工程名称		分部工程名称	
分项工程名称		验收部位	
施工单位		项目经理	
分包单位		分包项目经理	
施工执行标准名称及编号			

		施工质量验收标准的规定		施工单位检查记录	监理（建设）单位验收记录
主控项目	1	板材及辅助材料质量	设计要求		
	2	连接和密封	设计要求		
一般项目	1	金属板材铺设	设计要求		
	2	檐口线及泛水外观	设计要求		

施工单位检查结果	专业工长（施工员）		施工班组长	
	项目专业质量检查员：			年　月　日

监理（建设）单位验收结论	专业监理工程师： （建设单位项目专业技术负责人）：	年　月　日

屋面细部构造检验批质量验收记录表					编号	
单位工程名称				分部工程名称		
分项工程名称				验收部位		
施工单位				项目经理		
分包单位				分包项目经理		
施工执行标准名称及编号						
施工质量验收标准的规定				施工单位检查记录		监理（建设）单位验收记录
主控项目	1	天沟、檐沟排水坡度		设计要求		
	2	防水构造	（1）天沟、檐沟	设计要求		
			（2）檐口	设计要求		
			（3）泛水	设计要求		
			（4）水落口	设计要求		
			（5）变形缝	设计要求		
			（6）伸出屋面管道	设计要求		
施工单位检查结果		专业工长（施工员）			施工班组长	
		项目专业质量检查员：				年　月　日
监理（建设）单位验收结论		专业监理工程师： （建设单位项目专业技术负责人）：				年　月　日

附表 5　分部（子分部）工程质量验收申请表

——分部（子分部）工程质量验收申请表
（轨道交通工程）

_____（建设单位）：

工程名称			结构类型	
工程地址			工程里程或面积	m²
合同工期				m²
开工日期			完工日期	
项目经理			施工许可证号	
验收条件具备情况	项目内容	施工单位自检情况		
	完成工程设计和合同约定的情况			
	质量控制资料			
	安全和功能检验（检测）报告			
	观感质量			
	监督站责令整改问题的执行情况			
已完成设计和合同约定的各项内容，工程质量符合有关法律、法规和工程建设强制性标准的有关规定，特申请办理分部（子分部）质量验收手续。				
项目经理： 企业技术负责人：			（施工单位公章） 年　月　日	
监理单位意见： 总监理工程师：			（单位公章） 年　月　日	

附表6 分部（子分部）工程质量验收记录

——分部（子分部）工程质量验收记录
（轨道交通工程）

工程名称			结构类型		工程里程或面积	
施工单位			技术部门负责人		质量部门负责人	
分包单位			分包单位负责人		分包技术负责人	
序号	分项工程名称		检验批数	施工单位检查评定	验收意见	
1						
2						
3						
4						
5						
质量控制资料						
安全和功能检验（检测）报告						
观感质量						
验收单位	分包单位			项目经理	年 月	日
	施工单位			项目经理	年 月	日
	勘察单位			项目负责人	年 月	日
	设计单位			项目负责人	年 月	日
	监理（建设）单位		总监理工程师		年 月	日
			（建设单位项目专业负责人）		年 月	日

附表7 分部（子分部）工程质量验收纪要

分部（子分部）工程质量验收纪要
（轨道交通工程）

工程名称			监督登记号	
工程规模 （面积、层数、道 桥长度、跨度）			基础类型	
开工日期			完工日期	
见证员			培训证号	
建设单位		资质证号		注册证号	
勘察单位		资质证号		注册证号	
设计单位		资质证号		注册证号	
监理单位		资质证号		注册证号	
施工总承包单位		资质证号		注册证号	
施工专业承包单位		资质证号		注册证号	
基础检测单位		资质证号		注册证号	
		资质证号		注册证号	
建材见证检验单位		资质证号		注册证号	
		资质证号		注册证号	
验收结论					

施工单位（公章）	设计单位（公章）	勘察单位（公章）	监理单位（公章）	建设单位（公章）
企业技术负责人：				
项目负责人：	项目负责人：	项目负责人：	总监理工程师：	项目负责人：
年 月 日	年 月 日	年 月 日	年 月 日	年 月 日

注：1. 此表一式8份，监督站、建设、施工、监理、验收委员会办公室各1份及档案3份；
　　2. 此表为《＿＿＿＿分部（子分部）工程质量验收记录》的附件

附表 7-1 地基基础分部（或桩基础分项）工程质量验收纪要

工程名称			监督登记号	
工程规模（里程）			基础类型	
开工日期			完工日期	
见证员			培训证号	
建设单位		资质证号		注册证号	
勘察单位		资质证号		注册证号	
设计单位		资质证号		注册证号	
施工总承包单位		资质证号		注册证号	
监理单位		资质证号		注册证号	
检测单位		资质证号		注册证号	
建材见证检验单位		资质证号		注册证号	
		资质证号		注册证号	

质量情况	质量控制资料	
	安全和功能检验（检测）报告	
	观感质量	

验收结论	

施工单位（公章）	勘察单位（公章）	设计单位（公章）	监理单位（公章）	建设单位（公章）
企业技术负责人：				
项目负责人：	项目负责人：	项目负责人：	总监理工程师：	项目负责人：
年 月 日	年 月 日	年 月 日	年 月 日	年 月 日

注：1. 此表一式 8 份，监督站、建设、施工、监理、验收委员会办公室各 1 份及档案 3 份。
　　2. 此表为《_____分部（子分部）工程质量验收记录》的附件

附表 7-2　暗挖隧道开挖初支分部工程质量验收纪要

工程名称			监督登记号	
工程规模 （面积、层数或里程）			工程造价	
开工日期			完工日期	
见证员			培训证号	
建设单位		资质证号	注册证号	
设计单位		资质证号	注册证号	
施工总承包单位		资质证号	注册证号	
监理单位		资质证号	注册证号	
检测单位		资质证号	注册证号	
建材见证检验单位		资质证号	注册证号	
		资质证号	注册证号	
质量情况	质量控制资料			
	安全和功能检验（检测）报告			
	观感质量			
验收结论				

施工单位（公章） 企业技术负责人： 项目负责人： 年　月　日	勘察单位（公章） 项目负责人： 年　月　日	设计单位（公章） 项目负责人： 年　月　日	监理单位（公章） 总监理工程师： 年　月　日	建设单位（公章） 项目负责人： 年　月　日

注：1. 此表一式 8 份，监督站、建设、施工、监理、验收委员会办公室各 1 份及档案 3 份。
　　2. 此表为《_____分部（子分部）工程质量验收记录》的附件。

附表 7-3 主体结构分部工程质量验收纪要

工程名称			监督登记号	
工程规模（里程）			工程造价	
开工日期			完工日期	
见证员			培训证号	
建设单位		资质证号	注册证号	
设计单位		资质证号	注册证号	
施工总承包单位		资质证号	注册证号	
施工专业承包单位		资质证号	注册证号	
监理单位		资质证号	注册证号	
检测单位		资质证号	注册证号	
建材见证检验单位		资质证号	注册证号	
		资质证号	注册证号	

质量情况	质量控制资料	
	安全和功能检验（检测）报告	
	观感质量	

验收结论	

施工单位（公章）	设计单位（公章）	监理单位（公章）	建设单位（公章）
企业技术负责人：			
项目负责人：	项目负责人：	总监理工程师：	项目负责人：
年 月 日	年 月 日	年 月 日	年 月 日

注：1. 此表一式 8 份，监督站、建设、施工、监理、验收委员会办公室各 1 份、档案 3 份。
2. 此表为《_____分部（子分部）工程质量验收记录》的附件。
3. 主体结构分部主要指车站主体混凝土结构、明挖隧道主体混凝土结构等受力结构

附表 7-4 暗挖隧道二次衬砌分部工程质量验收纪要

工程名称			监督登记号	
工程规模（里程）			工程造价	
开工日期			完工日期	
见证员			培训证号	
建设单位		资质证号		注册证号	
设计单位		资质证号		注册证号	
施工总承包单位		资质证号		注册证号	
施工专业承包单位		资质证号		注册证号	
监理单位		资质证号		注册证号	
检测单位		资质证号		注册证号	
建材见证检验单位		资质证号		注册证号	
		资质证号		注册证号	
质量情况	质量控制资料				
	安全和功能检验（检测）报告				
	观感质量				
验收结论					

施工单位（公章）	设计单位（公章）	监理单位（公章）	建设单位（公章）
企业技术负责人：			
项目负责人：	项目负责人：	总监理工程师：	项目负责人：
年 月 日	年 月 日	年 月 日	年 月 日

注：1. 此表一式 8 份，监督站、建设、施工、监理、验收委员会办公室各 1 份、档案 3 份。
  2. 此表为《_____分部（子分部）工程质量验收记录》的附件

附表8 工程验收检查记录表

工程验收检查记录表

（轨道交通工程）

工程名称			施工单位	
工程地点			监理单位	
轨道里程			设计单位	
会议提出的问题					

序号	工程部位	存在问题	整改期限	备注

签名栏				
参加单位	参加人签名	参加单位	参加人签名

注：本表作为验收会议记录（包括工程实体和竣工档案），与会议纪要一同使用。

附表 9 工程质量验收申请表

工程质量验收申请表

（轨道交通工程）

_____（建设单位）：

工程名称				工程地址	
结构类型				层　　数	
建筑面积				合同工期	
开工日期				完工日期	
项目经理	招标文件姓名			施工许可证号	
	施工许可证姓名				
工程验收条件具备情况	项目内容		施工单位自检情况		
	完成工程设计和合同约定的情况	土建工程			
		建筑设备安装工程			
	监督站竣工前检查及整改情况	资料			
		实物			
	施工安全评价书				
	工程款支付情况				
	工程质量保修书				
	监督站责令整改问题的执行情况				
已完成设计和合同约定的各项内容，工程质量符合有关法律、法规和工程建设强制性标准的有关规定，特申请办理工程验收手续。 项目经理： 企业技术负责人： 企业法定代表人：　　　　　　　　　　　　　　　　　　（施工单位公章） 　　　　　　　　　　　　　　　　　　　　　　　　　　　　年　月　日					
监理单位意见： 总监理工程师：　　　　　　　　　　　　　　　　　　　　（单位公章） 　　　　　　　　　　　　　　　　　　　　　　　　　　　　年　月　日					

注：此表一式 8 份，监督站、建设、施工、监理、验收委员会办公室各 1 份、档案 3 份

· 144 ·

附表 10 单位（子单位）工程质量控制资料核查记录

单位（子单位）工程质量控制资料核查记录

（轨道交通工程）

工程名称			土建施工单位			
			建筑设备施工单位			
项目	序号	资料名称		份数	核查意见	核查人
建筑与结构	1	图纸会审、设计变更、洽商记录				
	2	工程定位测量、放线记录				
	3	原材料出厂合格证及进场检（试）验报告				
	4	施工试验报告及见证检测报告				
	5	隐蔽工程验收检查证				
	6	施工记录				
	7	预制构件合格证、预拌混凝土合格证明文件				
	8	地基、基础、主体结构检验及抽样检测资料				
	9	分项、分部工程质量验收记录				
	10	工程质量事故及事故调查处理资料				
	11	新材料、新工艺施工记录				
给排水与采暖	1	图纸会审、设计变更、洽商记录				
	2	材料、配件出厂合格证书及进场检（试）验报告				
	3	管道、设备的强度试验、严密性试验记录				
	4	隐蔽工程验收表				
	5	系统清洗、灌水、通水、通球试验记录				
	6	施工记录				
	7	分项、分部工程质量验收记录				
建筑电气	1	图纸会审、设计变更、洽商记录				
	2	材料、配件出厂合格证书及进场检（试）验报告				

续表

项目	序号	资料名称	份数	核查意见	核查人
建筑电气	3	设备安装记录			
	4	接地、绝缘电阻测试记录			
	5	隐蔽工程验收表			
	6	施工记录			
	7	分项、分部工程质量验收记录			
通风与空调	1	图纸会审、设计变更、洽商记录			
	2	材料、配件出厂合格证书及进场检（试）验报告			
	3	制冷、空调、水管道强度试验、严密性试验记录			
	4	隐蔽工程验收记表			
	5	制冷设备运行调试记录			
	6	通风、空调系统调试记录			
	7	施工记录			
	8	分部工程质量验收记录			
电梯（扶梯）	1	土建布置图纸会审、设计变更、洽商记录			
	2	设备出厂合格证及开箱检验记录			
	3	隐蔽工程验收表			
	4	施工记录			
	5	接地、绝缘电阻测试记录			
	6	负荷试验、安全装置检查记录			
	7	电梯检验报告及准用证			
智能建筑	1	图纸会审、设计变更、洽商记录、竣工图及设计说明			
	2	材料、配件出厂合格证、技术文件及进场检（试）验报告			
	3	隐蔽工程验收表			
	4	系统功能测定及设备调试记录			
	5	系统技术、操作和维护手册			

续表

项目	序号	资料名称	份数	核查意见	核查人
智能建筑	6	系统管理、操作人员培训记录			
	7	系统检测报告			
	8	分项、分部工程质量验收记录			
轨道	1	图纸会审、设计变更、洽商记录			
	2	工程定位测量、放线记录			
	3	原材料出厂合格证及进场检（试）验报告			
	4	施工试验报告及见证检测报告			
	5	隐蔽工程验收表			
	6	分项、分部工程质量验收记录			
	7	工程质量事故及事故调查处理资料			
	8	新材料、新工艺施工记录			
机电系统	1	图纸会审、设计变更、洽商记录			
	2	材料、配件出厂合格证书及进场检（试）验报告			
	3	设备安装记录			
	4	设备器材测试、调试记录			
	5	设备系统调试报告			
	6	分项、分部工程质量验收记录			

结论：

施工单位项目经理： 年 月 日

总监理工程师： 年 月 日

注：1. 此表一式6份，监督站、建设、监理各1份、档案3份。
　　2. 屏蔽门、防淹门等表中未列的工程项目可参照内容使用。

附表11 单位（子单位）工程安全和功能检验资料核查及主要功能抽查记录

单位（子单位）工程安全和功能检验资料核查及主要功能抽查记录

（轨道交通工程）

工程名称				土建施工单位			
				建筑设备施工单位			
项目	序号	安全和功能检查项目		份数	核查意见	抽查结果	核查人（抽查人）
建筑与结构	1	屋面淋水试验记录					
	2	地下室防水效果检查记录					
	3	有防水要求的地面蓄水试验记录					
	4	建筑物垂直度、标高、全高测量记录、断面测量记录					
	5	抽气（风）道检查记录					
	6	幕墙及外窗气密性、水密性、耐风压检测报告					
	7	建筑物沉降观测测量记录					
	8	节能、保温测试记录					
	9	室内环境检测报告					
给排水与采暖	1	给水管道通水试验记录					
	2	暖气管道、散热器压力试验记录					
	3	卫生器具满水试验记录					
	4	消防管道、燃气管道压力试验记录					
	5	排水干管通球试验记录					
建筑电气	1	照明全负荷试验记录					
	2	大型灯具牢固性试验记录					
	3	避雷接地电阻测试记录					
	4	线路、插座、开关接地检验记录					
通风与空调	1	通风、空调系统试运行记录					
	2	风量、温度测试记录					
	3	洁净室内洁净度测试记录					
	4	制冷机组试运行调试记录					

续表

项目	序号	安全和功能检查项目	份数	核查意见	抽查结果	核查人（抽查人）
电梯	1	电梯运行记录				
	2	电梯安全装置检测报告				
智能建筑	1	系统运行记录				
	2	系统电源及接地检测报告				
轨道	1	轨道状态检测记录				
	2	焊接接头探伤检测记录				
系统安装工程	1	系统运行记录				
	2	系统电源及接地检测报告				
	1	场站设备试运转记录				
	2	工程预验收管道压力试验记录				
	3	设备标定及检验记录				
	4	燃气监控系统调试记录				
	5	燃气管道吹扫记录				

结论：

施工单位项目经理： 年 月 日

总监理工程师： 年 月 日

附表 12 单位（子单位）工程观感质量核查记录

单位（子单位）工程观感质量核查记录

（轨道交通工程）

工程名称												合同号			
建设单位												轨道里程			
施工单位												工程部位			
监理单位												验收阶段			
序号	工程类别	项目名称	抽查质量情况										质量评价		
			1	2	3	4	5	6	7	8	9	10	好	一般	差
1	区间隧道	混凝土无侵限、无裂缝、无蜂麻													
2		穿心螺栓封堵良好，无渗漏													
3		变形缝贯通、顺直，无渗漏													
4		预埋件正确													
5		坡度正确，洞底无垃圾、杂物													
1	轨道车站结构	混凝土无侵限、无裂缝、无蜂麻													
2		穿心螺栓封堵良好，无渗漏													
3		预留孔洞、预埋件正确													
4		坡度正确，洞底无垃圾、杂物													
5		变形缝贯通、顺直，无渗漏													
1	轨道车站建筑装修	站内顶棚													
2		站内墙面、柱面													
3		地面与楼面													
4		楼梯、踏步													
5		厕、浴													
6		细木、护栏													
7		门安装													
8		窗安装													
9		玻璃													
10		油漆、涂料													
1	给排水与消防	管道接口、坡度、支架													
2		卫生器具、支架、阀门													
3		检查口、扫除口、地漏													
4		散热器、支架													

续表

序号	工程类别	项 目 名 称	抽查质量情况										质量评价		
													好	一般	差
1	建筑电气	配电箱、盘、板、接线盒													
2		设备器具、开关、插座													
3		防雷、接地													
1	通风空调	风管、支架													
2		风管、风阀													
3		风机、空调设备													
4		阀门、支架													
5		水泵、冷却塔													
6		绝热													
1	电梯	运行、平层、开关门													
2		层门、信号系统													
3		机房													
1	智能建筑	机房设备安装及布局													
2		现场设备安装													
3															
1	燃气	燃气表、阀门、调压器													
2		管道连接、平直度、防腐、支架													
3		阀门井和凝水器													
4		管道标识、管沟回填与恢复													
观感质量综合评价																

检查结论：

施工单位项目经理：　　　　　　　　　　　　　　　　　　　年　月　日
总监理工程师：　　　　　　　　　　　　　　　　　　　　　年　月　日

附表 13　轨道交通工程勘察文件质量检查报告

轨道交通工程

勘察文件质量检查报告

工　程　名　称：_____

勘察单位（公章）：_____

发　出　日　期：_____

填写说明

1. 《轨道交通勘察文件质量检查报告》由勘察单位负责打印填写,提交给建设单位。

2. 填写要求内容真实,语言简练,字迹清楚。

3. 凡需签名处,需先打印姓名后再亲笔签名。

4. 《轨道交通勘察文件质量检查报告》一式 8 份提交施工单位汇总,建设单位、监督机构、备案机关、监理单位、施工单位各持 1 份,竣工档案 3 份。

工程项目名称		勘察报告编号	
勘察单位全称		资质等级	
		资质编号	

工程规模（建筑面积、层数或道路、桥梁长度等）	
工程主要勘察范围及内容	
实际地质情况与勘察报告的差异	
工程施工对持力层控制是否满足要求	
勘察文件的检查结论	

项目负责人（打印）：_____（签名）：_____
单位技术负责人（打印）：_____（签名）：_____
勘察单位（公章）：_____
签发日期：　　　年　月　日

附表 14　轨道交通工程设计文件质量检查报告

轨道交通工程

设计文件质量检查报告

工　程　名　称：_____

勘察单位（公章）：_____

发　出　日　期：_____

填写说明

1．《轨道交通工程设计文件质量检查报告》由设计单位负责打印填写，提交给建设单位。

2．填写要求内容真实，语言简练，字迹清楚。

3．凡需签名处，需先打印姓名后再亲笔签名。

4．《轨道交通工程设计文件质量检查报告》一式 8 份提交给施工单位汇总，建设单位、监督机构、备案机关、监理单位、施工单位各持 1 份，竣工档案 3 份。

附 表

工程项目名称			工程合理使用年限	年
设计单位全称			资质等级	
			资质编号	
工程规模				
施工图审查机构		施工图审查批复文件号		
各专业主要设计人员名单	姓名	专业	执业资格证号	职称
工程设计的特点				

续表

图纸会审情况	
主要设计变更及执行情况	
工程按图施工及完成情况	

工程项目负责人（打印）：_____（签名）：_____
单位技术负责人（打印）：_____（签名）：_____
设计单位（公章）：_____
签发日期：　　　　　　　　　年　月　日

附表 15　轨道交通工程质量评估报告

轨道交通工程

质量评估报告

工　程　名　称：_____

勘察单位（公章）：_____

发　出　日　期：_____

填写说明

1. 《轨道交通工程质量评估报告》由监理单位负责打印填写，提交给建设单位。
2. 填写要求内容真实，语言简练，字迹清楚。
3. 凡需签名处，需先打印姓名后再亲笔签名。
4. 《轨道交通工程质量评估报告》一式8份提交施工单位汇总，建设单位、监督机构、备案机关、监理单位、施工单位各持1份，竣工档案3份。
5. "进场日期"填写监理单位进驻施工现场的时间。
6. "工程规模"是指房屋建筑的建筑面积、层数或市政基础设施中道路、桥梁的长度、宽度、跨度、管道直径、结构形式、工程造价、工程用途等情况。
7. "工程监理范围"是指工程监理合同内的监理范围与实际监理范围的对比说明。
8. "施工阶段原材料、构配件及设备质量控制情况"主要内容包括以下几个方面监理控制情况和结论性意见：
①工程所用材料、构配件、设备的进场监控情况和质量证明文件是否齐全。
②工程所用材料、构配件、设备是否按规定进行见证取样和送检的控制情况。
③所采用新材料、新工艺、新技术、新设备的情况。
9. "分部、分项工程质量控制情况"主要内容包括：
①分部、分项工程和隐蔽验收情况。
②桩基础工程质量（包括桩基检测、道路桥梁的静动载试验情况等）。
③主体结构工程质量。
④消除质量通病工作的开展情况。
⑤对重点部位、关键工序的施工工艺和确保工程质量措施的审查。
⑥对承包单位的施工组织设计（方案）落实情况的检查。
⑦对承包单位按设计图纸、国家标准、合同施工的检查。
10. "工程技术资料情况"是指核查工程技术资料是否齐全。
11. "工程质量验收综合意见"是指工程是否完成工程设计及施工合同约定内容，达到使用功能和执行国家强制性标准等情况，工程是否可以进行完工质量验收及工程质量等级。
12. "未达使用功能的部位"是指工程未达使用功能情况，如室内装修、设备安装等工程中仍然存在的问题。

一、工程概况

工程名称		进场日期	
监理单位全称		资质等级	
		资质证号	

	姓名	专业	职务	职称	执业资格证号
项目监理机构组成					

工程监理范围	

二、土建工程质量情况

原材料、配件及设备	质量控制情况：
	存在的问题：
工程技术资料	审查情况：
	存在的问题：
分部、分项工程和实物	质量控制情况：
	存在的问题：

三、建筑设备安装工程质量情况

原材料、构配件及设备	质量控制情况： 存在的问题：
工程技术资料	审查情况： 存在的问题：
分项、分部工程和实物	质量控制情况： 存在的问题：

四、工程质量验收意见

工程质量验收综合意见及工程质量等级	验收意见：
	存在的主要问题：
	工程质量等级：
未达使用功能的部位	

附表：1. 单位（子单位）工程质量控制资料核查记录。
       2. 单位（子单位）工程安全和功能检验资料核查及主要功能抽查记录。
       3. 单位（子单位）工程观感质量检查记录。

五、有关补充说明及资料

编制人姓名（打印）：_____，签名：_____
项目总监理工程师（盖注册章）_____，签名：_____
单位法定代表人（打印）：_____，签名：_____
签发日期：　　　年　月　日

附表 16　工程质量验收计划书

工程质量验收计划书
（轨道交通工程）

_____（监督机构）：

工程名称		工程地址	
结构类型		建筑面积/层数	
开工日期		完工日期	
施工许可证号及发证单位			

一、质量验收具备条件情况

编号	内容		完成情况
1	完成工程设计和合同约定的各项内容	土建工程	
		建筑设备安装工程	
2	施工单位工程验收申请表		
3	监理单位工程质量评估报告		
4	工程勘察文件质量检查报告		
5	工程设计文件质量检查报告		
6	质量监督机构对技术资料及现场实物抽查意见书		
7	建设单位是否已按合同约定支付工程款		
8	施工单位签署的《工程质量保修书》		
9	公安消防验收准许使用文件		
10	电梯准用证		
11	燃气工程验收证明文件		
12	安全监督站出具的《单位工程施工安全评价书》		
13	建设行政主管部门及工程监督机构责令整改的问题是否已全部整改完毕		
14	工程质量监督费缴纳情况		

续表

二、验收组织情况

建设单位组织勘察、设计、施工、监理等单位和其他有关专家组成验收组,根据工程特点,下设若干专业组。

1. 验收组

组　长	
副组长	
组　员	

2. 专业组

专业组	组长	组　员
土建工程		
建筑设备安装工程		
通信、电视、燃气等专业工程		
工程质量控制资料		

三、验收安排

本工程已按设计文件要求及合同约定的各项内容完工,有关参建单位分别对工程质量进行了检查和评估,并已提交相关报告或证明文件。本工程已具备质量验收有关规定的要求,经与各方商定,于　年　月　日进行工程质量验收,请派人员参加。

特此通知

建设单位名称及公章:
项目负责人:

注:此表一式2份,监督机构、建设单位各存1份。

附表 17　工程质量保修书

工程质量保修书

发包人（全称）：_____
承包人（全称）：_____

发包人、承包人根据《中华人民共和国建筑法》《建设工程质量管理条例》和《房屋建筑工程质量保修办法》，经协商一致，对_____（工程全称）签订工程质量保修书。

一、工程质量保修范围和内容

承包人在质量保修期内，按照有关法律、法规、规章的管理规定和双方约定，承担本工程质量保修责任。

质量保修范围根据合同要求完成的工程范围确定，具体包括地基基础工程、主体结构工程，屋面防水工程，有防水要求的卫生间、房间和外墙面的防渗漏，供热与供冷系统，电气管线、给排水管道、设备安装和装修工程，轨道安装工程，系统安装工程等，以及双方约定的其他项目。具体保修的内容，双方约定如下：

_____
_____
_____。

二、质量保修期

双方根据《建设工程质量管理条例》《房屋建筑工程质量保修办法》及有关规定，约定本工程的质量保修期如下：

1. 地基基础工程和主体结构工程为设计文件规定的该工程合理使用年限；
2. 屋面防水工程，有防水要求的卫生间、房间和外墙面的防渗漏为　　年；
3. 装修工程为_____年；
4. 电气管线、给排水管道、设备安装工程为_____年；
5. 供热与供冷系统为_____个采暖期、供冷期；
6. 住宅小区内的给排水设施、道路等配套工程为_____年；
7. 轨道安装工程为_____年；
8. 系统安装工程为_____年；
9. 其他项目保修期限约定如下：

附　表

结构防水　　年_____　_____
_____
_____
_____。

质量保修期自工程竣工验收合格之日起计算。

三、质量保修责任

1. 属于保修范围的项目，承包人应当在接到保修通知之日起 7 天内派人保修。承包人不在约定期限内派人保修的，发包人可以委托他人修理。

2. 发生紧急抢修事故的，承包人在接到事故通知后，应当立即到达事故现场抢修。

3. 对于涉及结构安全的质量问题，应当按照《房屋建筑工程质量保修办法》的规定，立即向当地建设行政主管部门报告，采取安全防范措施；由原设计单位或者具有相应资质等级的设计单位提出保修方案，承包人实施保修。

4. 质量保修完成后，由发包人组织验收。

四、保修费用

保修费用由造成质量缺陷的责任方承担。

五、其他

双方约定的其他工程质量保修事项：<u>保修期内业主在任何时间内发现合同工程有缺陷，可要求承包商立即修复，否则业主可自行修复，由此产生的一切费用由承包商承担。</u>
_____
_____
_____

本工程质量保修书，由施工合同发包人、承包人双方在竣工验收前共同签署，作为施工合同附件；其有效期限至保修期满。

发包人（公章）：　　　　　　　　　　承包人（公章）：

法人委托代表（签字）：　　　　　　　法定代表人（签字）：
　　　　年　月　日　　　　　　　　　　　　年　月　日

附表 18 单位（子单位）工程质量竣工验收记录

单位（子单位）工程质量竣工验收记录
（轨道交通工程）

工程名称		结构类型		层数／建筑面积	
施工单位		技术负责人		开工日期	
项目经理		项目技术负责人		验收日期	

序号	项 目	验收记录	验收结论
1	分部工程	共　　分部，经查　　分部，符合标准及设计要求　　分部	
2	质量控制资料	共　　项，经审查符合要求　　项，共核定符合规范要求　　项	
3	安全和主要使用功能核查及抽查结果	共核查　　项，符合要求　　项；共抽查　　项，符合要求　　项；经返工处理符合要求　　项	
4	观感质量验收	共抽查　　项，符合要求　　项，不符合要求　　项	
5	综合验收结论		

参加验收单位	建设单位	监理单位	施工单位	设计单位
	（公章）	（公章）	（公章）	（公章）
	单位（项目）负责人： 　　年　月　日	总监理工程师： 　　年　月　日	单位（项目）负责人： 　　年　月　日	单位（项目）负责人： 　　年　月　日

附表 19　轨道交通工程单位（子单位）工程质量验收纪要

轨道交通工程

单位（子单位）工程质量验收纪要

工　程　名　称：＿＿＿＿＿＿＿＿

勘察单位（公章）：＿＿＿＿＿＿＿＿

发　出　日　期：＿＿＿＿＿＿＿＿

填写说明

1. 《轨道交通工程单位（子单位）工程质量验收纪要》由建设单位负责打印填写，提交给备案机关。

2. 填写要求内容真实，语言简练，字迹清楚。

3. 《轨道交通工程单位（子单位）工程质量验收纪要》一式 8 份，建设单位、监督机构、备案机关、监理单位、施工单位各持 1 份，竣工档案 3 份。

一、工程概况

工程名称		工程地点			
工程规模		工程造价/万元			
结构类型		层数			
施工许可证号		开工日期			
监督单位		监督登记号			
建设单位			资质证号	注册号	
勘察单位					
设计单位					
总承包单位					
施工单位（土建）					
施工单位（设备安装）					
施工单位（装修）					
监理单位					
检测单位					
施工图审查单位					

二、参与工程建设有关单位及其合同工作范围

参与工程建设有关单位名称		合同工作范围
勘察单位		
设计单位		
监理单位		
总承包施工单位		
专业施工单位（包括桩基础、结构（含初装修、二次装修）、建筑幕墙、钢结构、建筑设备安装、电梯安装及其他等）		
工程材料、结构及设备检测单位		

三、工程验收实施情况

（一）验收组织

建设单位组织勘察、设计、施工、监理等单位和其他有关专家组成验收组，根据工程特点，下设若干专业组。

1. 验收组

组　长	
副组长	
组　员	

2. 专业组

专业组	组　长	组　员
土建工程		
建筑设备安装工程		
轨道交通系统设备安装等专业工程		
轨道工程		
声屏工程		
工程质量控制及工程安全和功能检验资料		

（二）验收程序

（1）建设单位主持验收会议；

（2）建设、勘察、设计、施工、监理单位介绍工程合同履约情况和在工程建设各个环节执行法律、法规和工程建设强制性标准情况；

（3）审阅建设、勘察、设计、施工、监理单位的工程档案资料；

（4）验收组实地查验工程质量；

（5）专业验收组发表意见，验收组形成工程质量验收意见并签名。

（三）未达到使用功能的部位（范围）及存在的主要问题

（四）验收（专业）组成员签名

姓名	工作单位	职称	职务	签名

附表 20　建设工程质量验收意见书

建设工程质量验收意见书
（轨道交通工程）

质验〔200　〕第　　号

_____（建设单位名称）：

　贵单位在（地点）_____兴建的（工程名称）_____（施工许可证号：_____；监督登记号：　　　　　　　）于　年　月　日进行工程质量验收，并已提交《单位（子单位）工程质量验收记录》，经我站派员对工程质量验收工作进行监督，根据国家、内蒙古有关法律、法规及工程建设验收规范、标准，该工程质量验收的组织形式、验收程序、执行验收标准等符合工程质量验收有关规定，请及时办理工程竣工验收备案手续。

　尚存在以下需要整改的问题，望认真组织落实整改（注：需要时填写）：

　　　　监督机构名称：
　　　　　（公章）

　　　　　　　　　　　　　　　　　　　　　　　　　　　　　　　　　　　　　年　月　日

注：此表一式 4 份，监督机构、备案机关、建设单位及档案馆各存 1 份

附表 21　轨道交通工程建设工程竣工验收报告

轨道交通工程

建设工程竣工验收报告

工　程　名　称：_____

勘察单位（公章）：_____

发　出　日　期：_____

填写说明

1. 《轨道交通工程建设工程竣工验收报告》由建设单位负责填写,向备案机关提交。

2. 填写要求内容认真,语言简练,字迹清楚。

3. 《轨道交通工程建设工程竣工验收报告》一式 8 份,建设单位、监督机构、备案机关、监理单位、施工单位各持 1 份,竣工档案 3 份。

工程名称		工程地点	
工程规模（建筑面积、道路桥梁长度等）		工程造价/万元	
工程特点		合同工期	
施工许可证号		开工日期	
监督单位		监督登记号	
建设单位		总承包单位	
勘察单位		施工单位（土建）	
设计单位		施工单位（土建）	
监理单位		施工单位（设备安装）	
工程检测单位		施工单位（装修）	
		其他主要参建单位	
专项验收情况			
专项验收名称	证明文件发出日期	文件编号	验收意见
土建子单位工程质量验收记录			
规划验收合格证			
环保验收合格证			
消防验收意见书			
电梯准用证			
其他验收合格证明书			
工程竣工档案认可书			

续表

工程完工情况	
工程质量情况	
工程未达到使用功能的部位（范围）	
对设计、勘察、施工、监理单位的评价	
建设单位意见	工程竣工验收结论： 工程项目负责人：（打印）_____ 签名：_____ 建设单位法人委托代表：（打印）_____ 签名：_____ 年　月　日　（单位公章）

附表 22 工程实体交付使用接管确认证书

工程实体交付使用接管确认证书
（轨道交通工程）

工程名称		合 同 号	
轨道里程		验收阶段	

工程实体是否按合同最后完工？完工日期：

移交的工程实体范围（附移交工程实体范围内设备清单）：

使用的起始日期：

使用前限期完成的工程实体部分：

需要整改的工程实体部分：

使用期间须继续完善的工程实体部分及限定日期：

移交单位负责人		接收单位负责人	
参加验交的单位及人员			
参加单位	姓名	参加单位	姓名

附表 23　轨道交通工程工程竣工验收备案表

轨道交通工程

竣工验收备案表

建设单位名称			
备案日期			
工程名称			
工程特点			
工程规模（建筑面积、层数、道路（桥梁）长度等）			
结构类型			
工程用途			
开工日期			
竣工验收日期			
施工许可证号			
施工图审查意见			
勘察单位名称		资质等级	
设计单位名称		资质等级	
施工单位名称		资质等级	
监理单位名称		资质等级	
工程质量监督机构名称			
工程竣工验收备案文件目录	1. 建设工程竣工验收报告。 2. 施工许可证。 3. 施工图设计文件审查意见。 4. 单位工程质量综合验收文件。 ①工程验收申请表。 ②工程质量评估报告。 ③勘察、设计文件质量检查报告。 ④单位（子单位）工程质量验收记录。 5. 市政基础设施的有关质量检测和功能性试验资料。 6. 规划、公安消防、环保部门出具的认可文件或者准许使用文件。 7. 施工单位签署的工程质量保修书。 8. 商品住宅的《住宅质量保证书》和《住宅使用说明书》。 9. 法规、规章、规定必须提供的其他文件。 ①监督机构出具的电梯验收准用证。 ②燃气工程验收文件。 ③单位工程施工安全评价书。 ④建设工程竣工档案认可书。		

续表

备案意见	_____工程的竣工验收备案文件已于_____年_____月_____日收讫，文件齐全。 （公章） 年　月　日
备案机关负责人		备案经手人	

备案机关处理意见：

经核查，位于内蒙古_____区（县级市）
　工程的竣工验收备案文件齐全，对照该工程质量监督机构提出的《建设工程质量监督报告》（编号：_____），根据《建设工程质量管理条例》，_____予以备案。

（公章）

年　月　日

附表 24 "建设工程竣工验收备案表"附表

竣工验收意见	勘察单位意见	项目负责人：　　　　　　　　　　　　　　（公章） 　　　　　　　　　　　　　　　　　　　　年　月　日
	设计单位意见	项目负责人：　　　　　　　　　　　　　　（公章） 结构设计负责人：　　　　　　　　　　　　年　月　日
	施工单位意见	技术负责人：　　　　　　　　　　　　　　（公章） 项目经理：　　　　　　　　　　　　　　　年　月　日
	监理单位意见	总监理工程师：　　　　　　　　　　　　　（公章） （盖注册章）　　　　　　　　　　　　　　年　月　日
	建设单位意见	单位（项目）负责人：　　　　　　　　　　（公章） 　　　　　　　　　　　　　　　　　　　　年　月　日

附 表

附表 25 单位工程竣工施工安全评价申报表

单位工程竣工施工安全评价申报表

（轨道交通工程）

申报（总承包）单位名称：＿＿＿＿＿＿

工程概况									
工程名称					监督登记号				
工程地点					施工许可证号				
建设单位（项目管理或代建单位）					房屋工程		建筑面积　　　m² 主体结构　　栋/层数 其中地下室　　层		
监理单位					市政工程		km		
设计单位					开工日期 竣工日期		年　月　日 年　月　日		
勘察单位					总包单位安全生产许可证号				
项目经理		项目经理证号			项目经理安全生产考核合格证号				
施工单位自评	序	自检日期	形象进度	汇总分	其中文明施工得分	序	自检日期	形象进度	汇总分	其中文明施工得分
^	1					5				
^	2					6				
^	3					7				
^	4					8				
^	各次评价平均分			其中文明施工平均分		自评等级				
^	竣工自评意见： （公章） 项目经理签名：　　　　　　企业安全负责人签名：　　　　　　　年　月　日								

续表

施工设备设施	塔吊		外用电梯		物料提升机		安全网		附着升降脚手架	
	使用量/台	已登记/台	使用量/台	已登记/台	使用量/台	已检测/台	使用量/台	抽样检测/台	使用量/台	已检测/台

施工安全事故	事故类别	事故等级	发生时间	简要经过和主要责任					
	死亡/人	重伤/人	直接经济损失/万元						

项目总监理工程师				总监理工程师注册资格证号				

监理单位对总承包单位各施工阶段评价记录	序号	检查日期	形象进度	检查得分	其中文明施工得分	评价等级	备注
	1						
	2						
	3						
	4						
	5						
	6						
	7						
	8						
	各次评价平均分			其中文明施工平均分			

续表

	专业施工单位名称	承建的分部分项工程	评价等级
监理单位对分包单位的施工安全评价意见			

监理单位对竣工施工安全评价意见	
	（公章）
专业监理工程师签名： 总监理工程师签名：	年 月 日

建设单位意见	
项目负责人： （公章）	年 月 日

附表 26　工程竣工施工安全评价申报资料目录表

工程竣工施工安全评价申报资料目录表
（由总承包施工企业填报，装订在申报资料的首页）

工程名称：　　　　　　　　　　　　　监督登记号：
总承包单位（公章）：　　　　　　　　监理单位（公章）：

序号	资料名称	首页页码	共几页	序号	资料名称	首页页码	共几页
	盖有监理单位核对印鉴的施工许可证复印件				外用电梯准用证（原件）		
	安全生产管理目标考核汇总表				塔吊准用证（原件）		
	工程项目管理人员名册				钢井架安装检测证（原件）		
	施工现场安全检查评分表（原件，应与评价书的企业自评页所填报的一致）				附着式升降脚手架安装检测证（原件）		
	施工用电检查验收表（原件）				安全网抽样检测证（原件）		
	外脚手架分段检查验收表（原件）				安全网产品销量单（原件）		
	钢井架检查验收表（原件）				工伤事故登记表		
	模板工程安全检查验收表（原件）				企业职工伤亡事故调查报告书		
	中小型施工机具检查验收表（原件）				安全文明施工的荣誉证书（复印件）		

资料编制人签名：　　　　　　　　编制日期：　　年　月　日
项目经理审核签名：　　　　　　　审核日期：　　年　月　日

安全评价申报资料整理要求及填表说明

1. 竣工安全评价的对象是以一个监督登记号为代表的单位工程，或有特别要求，经同意的单位工程中的分部工程。

2. 本表要求的安全评价申报资料是工程完工后，由总承包施工企业从施工现场的有关安全管理资料中选取出来的，不需把施工现场的全套管理资料作为竣工施工安全评价申报资料。多个单位参建，申报资料也只要求组卷为一册资料。

3. 工程完工是指安全评价申报单位已按设计文件及工程合同要求完成承包工程量，人员、设备已退场，施工和安全防护设施已拆除。

4. 本表要求提供的"施工现场安全检查评分表"，是指施工现场（施工单位和监理单位）按照《建筑施工安全检查标准》（JGJ 59-99）进行的定期检查评分，对应"评价申报表"填报的对于工程不同形象进度的各次代表性的自检评分结果，数量不多于8份。

5. 本表装订在申报资料的首页，申报竣工施工安全评价时与评价申报表同时送交安全监督机构。

6. 申报资料中有关安全检查、验收表必须是情况的真实反映，若资料经鉴别是工程完工后补做的，则属无效资料，竣工安全评价不得评为优良。

7. 签发《施工安全评价书》后，申报资料如数退回。

附表 27　专业工程施工安全评价申报资料目录表

专业工程施工安全评价申报资料目录表
（建筑设备安装、装修等专业施工企业用表）

工程名称：　　　　　　　　　监督登记号：
专业分包：　　　　　　　　　专业分包单位施工：
单位（公章）：　　　　　　　安全责任人（签名）：
承建分部（分项）工程：　　　监理单位（公章）：

序号	资 料 名 称	首页页码	共几页
1	盖有监理公司校对印鉴的分包工程合同书复印件		
2	施工安全责任人任命书（格式由本企业自定）		
3	特种作业人员名册和操作证（复印件）		
4	施工现场定期安全检查记录（原件）		
5	分包施工现场范围的临时用电检查验收表（原件）		
6	中小型施工机具检查验收表（原件）		
7	属分包单位责任的施工安全事故报告		

资料编制人签名：　　　　　　　　　　　　　编制日期：　　年　月　日
项目总监理工程师审核签名：　　　　　　　　审核日期：　　年　月　日

资料整理及填表说明

1. 本表要求的申报资料由在"单位工程竣工施工安全评价申报表"上登记的参与施工的专业施工单位提供，各单位的资料独立成卷，总承包单位或监理公司予以确认，若有关单位不提供评价申报资料，则安全评价书对该参建单位不予确认。

2. 本表装订在申报资料的首页，同一施工单位承担多项专业施工的，只提供一套申报资料即可，由总承包施工企业申报竣工施工安全评价时送交安全监督机构。

3. 申报资料的有关安全检查、验收表必须是情况的真实反映，若资料经鉴别是工程完工后补做的，则属无效资料，竣工安全评价不得评为优良。

4. 本表不适用于土建施工企业。

5. 签发《施工安全评价书》后，申报资料如数退回。

城市轨道交通建设工程质量验收手册

附表 28　竣工验收需提交安全质量监督部及质量监督机构的资料

竣工验收需提交安全质量监督部及质量监督机构的资料
（轨道交通工程）

序号	时间	材料名称	验收室份数	备注	质监站份数
1	验收会议前提交	验收申请	1	原件	1
2		质量监督机构同意竣工验收意见书	1		
3		施工图设计文件审查意见（施工图设计咨询）	1	原件	1
4		设计文件质量检查报告	2	原件	1
5		勘察文件质量检查报告	2	原件	1
6		监理质量评估报告	2	原件	1
7		施工单位质量自评报告	2	原件	1
8		安全评价书	1	原件	
9		质量保修书	1	原件	
10		工程质量控制资料核查记录	1	原件	
11		工程安全和功能检验资料核查及主要功能抽查记录	1	原件	
12		工程观感质量检查记录	1	原件	
13		分部工程验收记录、纪要，中间验收登记表	1	复印件	
14		施工单位资质、材料检测及抽检单位资质、桩基检测单位资质	1	复印件	
15		工程中标通知书、建设施工合同协议书	1	复印件	1
16		淤泥排放证、夜间施工许可证	1	复印件	
17		施工单位质量自评报告（电子版本）	1	电子文件	
18		钢筋、混凝土原材料统计（以单位工程按强度进行统计，同条件养护单独汇总）	1	电子文件	
19	验收会后盖公章提交	工程实体交付使用接管确认证书	1	原件	
20		单位（子单位）工程质量验收记录	4	原件	1
21		竣工验收备案表	6	原件	
22		质量监督机构工程质量验收监督意见书	1		
23		施工许可证	1	原件	
24		验收检查记录表（已整改完成并经意见单位签字确认）	1	复印件	

附表 29 工程质量验收流程

流程1：分部工程质量验收流程

		流程名称：分部工程质量验收流程			
部门	工程部	监理单位	施工单位	质量监督机构	相关单位
节点	A	B	C	D	E

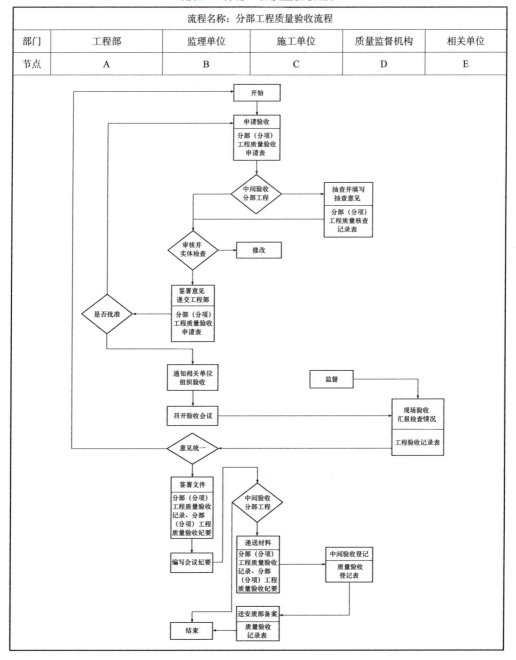

流程2：单位（子单位）工程初步验收流程

流程名称：单位（子单位）工程初步验收流程			
部门	施工单位	监理单位	相关单位
节点	A	B	C

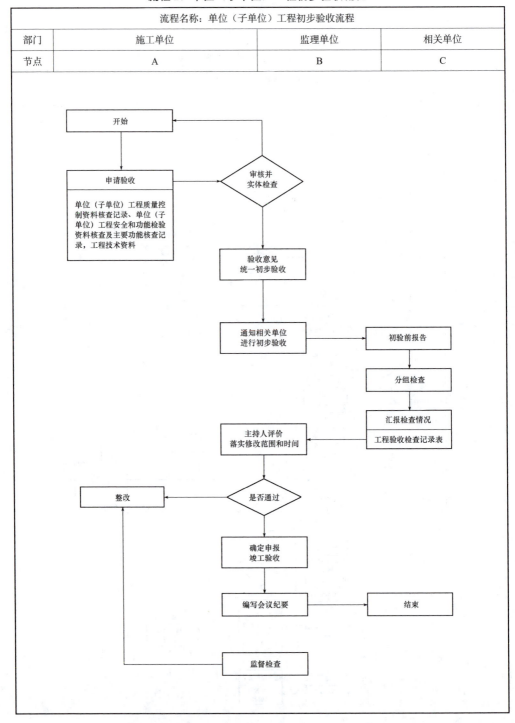

流程3：单位（子单位）工程质量验收流程

部门	验收委员会	安全质量部	工程部	相关单位
节点	A	B	C	D

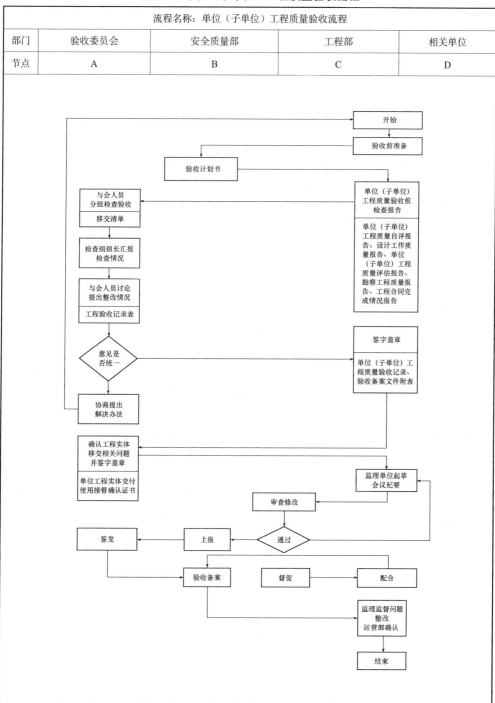

参 考 文 献

[1] 《建设工程质量管理条例》（2000年国务院令第279号）.

[2] 《国务院关于修改部分行政法规的决定》（2017年国务院令第687号）.

[3] 《房屋建筑和市政基础设施工程竣工验收备案管理暂行办法》（2000年建设部令第78号）.

[4] 《住房和城乡建设部关于修改〈房屋建筑工程和市政基础设施工程竣工验收备案管理暂行办法〉的决定》（2009年住建部令第2号）.

[5] 《房屋建筑和市政基础设施工程竣工验收规定》（建质〔2013〕171号）.

[6] 《城市轨道交通建设工程验收管理暂行办法》（建质〔2014〕42号）.

[7] 中华人民共和国住房和城乡建设部，中华人民共和国国家质量监督检验检疫总局. GB 50300—2013 建筑工程施工质量验收统一标准［S］. 北京：中国建筑工业出版社，2014.

[8] 中华人民共和国住房和城乡建设部，国家市场监督管理总局. GB/T 50299—2018 地下铁道工程施工质量验收标准［S］. 北京：中国建筑工业出版社，2018.

[9] 中华人民共和国住房和城乡建设部，中华人民共和国国家质量监督检验检疫总局. GB 50446—2017 盾构法隧道施工与验收规范［S］. 北京：中国建筑工业出版社，2017.

[10] 中华人民共和国住房和城乡建设部，中华人民共和国国家质量监督检验检疫总局. GB/T 50326—2006 建设项目工程管理规范［S］. 北京：中国建筑工业出版社，2006.

[11] 内蒙古自治区住房和城乡建设厅. DB J03—73—2016 房屋建筑工程技术资料管理规程［S］. 北京：中国建材工业出版社，2016.